Liebe Schülerinnen, liebe Schüler!
Ein neues Schuljahr hat für euch begonnen – und der Eintritt in die Klasse 9 ist wieder einmal ein wichtiger Einschnitt in der Schullaufbahn. Ihr habt euch für ein bestimmtes Profil eurer Schule entschieden, wahrscheinlich hat sich dadurch die Klassenzusammensetzung geändert; sicher werden die Stofffülle und damit die Anforderungen an eure Leistungsfähigkeit wachsen. Und das, wo doch gerade jetzt für euch viele andere interessante Lebens- und Erfahrungsbereiche mit dem Angebot der Schule konkurrieren. In eurem Alter beschäftigt einen die Auseinandersetzung mit sich selbst und das Zurechtfinden in der sozialen Umwelt oft mehr als die Unterrichtsstoffe. Wer bin ich? Wofür trete ich ein? Was ist richtig, was ist falsch? Was macht mein Leben gut? Wie werde ich mit Angst und Leid fertig? Worauf kann ich mich verlassen? Ist mit dem Tod alles aus? Wozu hilft Glauben? Die Themen des Religionsunterrichts, die ihr in diesem Schuljahr mit Hilfe dieses Buches gemeinsam erarbeiten werdet, sollen euch auf dem weg zu einer selbstständigen Persönlichkeit Hilfe sein.

Vielleicht habt ihr das Cover dieses Buches noch gar nicht besonders beachtet. Das Bild ist ganz bewußt gewählt. Schaut es euch einmal in aller Ruhe und Stille an.

Der Baum ist auf seine sichtbaren Grundelemente reduziert: ein breiter freistehender Stamm und eine kreisförmige Krone. Darauf kommt es an: auf die feste, zum Himmel weisende Gestalt, voll Lebenskraft und Zielstrebigkeit, Schutz schenkend und Früchte erwartend.

Menschen brauchen Bilder um ihr Dasein zu erfassen und zu deuten. Schon immer sahen sie in Bäumen Spiegelbilder ihres Lebens. Sie entdeckten sich in ihrer Gestalt und Lebensform wieder, sie fanden sich den Bäumen ähnlich: wir Menschen brauchen einen Grund, in dem wir uns festmachen können; Jahr für Jahr wachsen wir und unsere Persönlichkeit reift – in Krisensituationen und in Zeiten, in denen es uns gut geht. Wie jeder Baum für etwas bestimmt ist, so ist auch unserem Dasein eine Aufgabe gestellt, die wir immer wieder neu erfassen müssen: das eigene Leben verantwortlich gestalten und für andere Mitsorge tragen.

Die Künstlerin Antonie Becker hat ihr Bild „Baum des Glücks" genannt. Sie hat den Baum vor einen offenen Hintergrund aus unterschiedlichen Grüntönen gestellt. Goldgelb leuchtet die Baumkrone, der Sonne gleich. Grün ist Farbe des Frühlings, des Lebens und der Hoffnung. Gold ist die Farbe des Herbstes, der Reife, Sinnbild der Vollkommenheit und der Ewigkeit. Wer eine Hoffnung hat, ist stark, will sich weiterentwickeln. Wer sein Leben hell macht, voll Leuchtkraft auch für andere, hat seinen Baum des Glücks gepflanzt.

Machen wir uns in diesem Schuljahr zusammen auf die Suche nach dem, was unser Lebensglück fördert. Auf diesem Wege ein möglichst großes Stück voranzukommen, das wünschen euch

die Verfasser von „Wege der Freiheit 9"

Bäume

Bäume, ja ihr!
Ruhig auf der dunklen
Erde fußend,
doch verwundbar
wie wir,
die wir uns vorwärts
kämpfen müssen.
Nützlich
oder einfach schön
und immer
etwas Neues bedeutend.
So wachsen!
In die Höhe,
in die Tiefe
und mit
ausgebreiteten Armen.

Hans Piontek

Als Wegweiser für die Benutzung ches dienen die folgenden Symbole:

■ Meditative Zugänge wollen das Wesentliche erschließen.

♦ Weiterfragen weitet den eigenen Horizont und führt oft tiefer.

◢ Durch praktisches Üben und Erkunden, durch Gestalten mit verschiedenen Materialien kann manches anders erfasst und selbstständig entdeckt werden.

▜ Ein Blick über den Zaun des eigenen Faches hinaus lässt Zusammenhänge mit anderen Fächern erkennen.

⊓ Auf solchen Fundamenten kann aufgebaut werden. Um kompetent mitreden zu können, braucht man einen Fundus an Grundwissen.

▢ Mit einem grünen Rahmen sind alternative Texte, Bilder oder Aufgabenstellungen zu einem Thema gekennzeichnet.

Neben den ausdrücklich als Lexikon ausgewiesenen Texten findet ihr wichtige Begriffserklärungen und Sachinformationen auf den Randspalten der Buchseiten.

WAS DEN MENSCHEN ZUM MENSCHEN MACHT

I. Eine Persönlichkeit werden

1. Warten auf das wahre Leben

„Ich bin 16, habe gute Noten, keinen Freund, rauche nicht, trinke nicht, bin immer ordentlich angezogen, habe noch nie mit jemandem geschlafen und mache auch sonst nichts Verbotenes. Einfach gesagt, ich bin ein richtiges ,Musterkind' – und genau das ist mein Problem! Denn eigentlich wäre ich lieber anders. Ich würde gerne verrückte Klamotten tragen, jeden Tag mit Leuten weggehen und interessante Sachen erleben. Stattdessen bin ich brav in einer Jugendgruppe, spiele Theater und gehe in den Schulchor. Nicht, dass ich etwas gegen diese Wahlkurse hätte; aber ich habe ständig das Gefühl, etwas zu verpassen, weil ich nachmittags für nichts anderes mehr Zeit habe. Ich denke immer, das Leben spielt sich woanders ab. Irgendwo, wo ich gerade nicht bin. In der Schule strenge ich mich ziemlich an. Ich bin kein Streber, aber ich möchte später Medizin studieren und dazu braucht man einfach gute Noten. Manchmal denke ich mir, dass die ganze Lernerei vielleicht total umsonst ist, weil die Erde, bis ich mal fertig studiert habe, explodiert ist oder so was Ähnliches. Dann hätte ich mein Leben nie richtig genossen, sondern immer nur gelernt. Wenn ich im Unterricht ermahnt werde, werde ich jedes Mal knallrot und schwöre mir, nie wieder mit meiner Banknachbarin zu schwätzen – anstatt es wie alle anderen einfach an mir abprallen zu lassen und in der nächsten Sekunde weiterzureden. Es ist wirklich zum Verrücktwerden! Ich nehme wahrscheinlich alles irgendwie zu ernst. Warum kann mir die Schule nicht einfach egal sein? Ich hätte wahnsinnig Lust, mal mit Freundinnen in Urlaub zu fahren. Zwei Klassenkameradinnen von mir waren über Pfingsten in Frankreich, nur zu zweit. Sie hatten einen irren Spaß. Und ich? Wie üblich bin ich mit meiner Familie weggefahren. Wir waren an der Nordsee und es war stinklangweilig. Am Strand war ich zu feige, jemand anzusprechen, und abends wurde mit Oma und Opa Karten gespielt. Selber schuld! Wer fährt mit sechzehn auch noch brav mit seinen Eltern in den Urlaub. Wieder zurück, neuer Vorsatz: Jetzt wird alles anders! Jetzt werde ich mich ins Leben schmeißen, Spaß haben und Sachen machen, die man seinen Eltern nicht erzählt. Und was ist passiert? Gar nichts. Ich bin weiterhin meistens zu Hause, gehe immer noch in die Theatergruppe und mache so langweilige Sachen wie Schreibmaschineschreiben üben. Und wenn ich gerade nichts Nützliches tue, faulenze ich und wechsle zwischen Fernseher und Kühlschrank hin und her. Ich verstehe mich selbst nicht. Ich würde ja gerne etwas unternehmen, aber wenn mich eine Freundin anruft, verstecke ich mich hinter tausend Ausreden. Manchmal kann ich wirklich nicht, weil mich keiner fahren kann zum Beispiel. Oder weil ich auf meinen kleinen Bruder aufpassen muss. Aber manchmal sage ich einfach nur, ich hätte keine Zeit, weil ich gerade so gemütlich vor dem Fernseher sitze und mich nicht losreißen kann. Danach ärgere ich mich immer total über mich selbst und beschließe wieder einmal

mich zu ändern. Ich habe mich auch noch nie so richtig betrunken. Obwohl ich das immer mal machen wollte. Natürlich nicht alleine, sondern mit meiner besten Freundin. Wir haben uns vorgenommen, dass ich einmal bei ihr übernachte, wenn ihre Eltern nicht da sind, und dass wir dann richtig viel Alkohol trinken. Nur, um zu wissen, wie das ist. Alle anderen waren schon mal betrunken und ich würde gerne mitreden können. Viele aus meiner Klasse gehen seit neuem manchmal abends in die Disko. Ich würde gerne mal mitkommen, aber irgendwie traue ich mich nicht. Ich kenne da ja niemanden und ich weiß auch gar nicht, was man da so anzieht oder mit wem ich reden sollte. Mir fällt sowieso nie etwas Lustiges ein, deshalb rede ich meistens nur über die Schule. Wenn mein Gegenüber aber nicht an meiner Schule ist, hilft mir das nicht weiter. Von mir etwas zu erzählen geht auch schlecht, weil bei mir selten was los ist und ich auch nicht wüsste, ob es mein Gegenüber überhaupt interessiert. Und wenn ich mich mit jemandem unterhalte und eine kurze Gesprächspause eintritt, kriege ich die Panik. Dann denke ich sofort, dass ich langweilig bin oder sonst was nicht stimmt. Meine beste Freundin ist da ganz anders. Die geht dauernd weg und lernt tausend neue Leute kennen. Irgendwie beneide ich sie darum, wie leicht es ihr fällt, mit allen sofort zu reden. Ich bin viel zu schüchtern dazu. Auch wenn ich weggehen würde, wäre ich nie so locker und hätte so viel Spass wie sie. Manchmal glaube ich, mir ist gar nicht mehr zu helfen. Gestern habe ich schon wieder nur vor der Glotze gesessen, anstatt rauszugehen. Dabei kam überhaupt nichts im Fernsehen. Und heute? Ich könnte eigentlich herumtelefonieren und mich mit Freunden im Biergarten verabreden. Aber ich habe gerade so viel gegessen, dass ich total faul bin. Außerdem ist jetzt sicher keiner zu Hause, und ich weiß auch nicht, was ich als Ausrede sagen sollte, wenn sie abends in die Disko wollen. Vielleicht verabrede ich mich morgen. Vielleicht traue ich mich morgen das enge blaue Hemd anzuziehen, das ich vor zwei Monaten gekauft habe. Vielleicht schwänze ich sogar meinen Theaterkurs. Vielleicht geht mein Leben morgen so richtig los."

Katharina Münch

Fragen nach dem Sinn

Manchmal, von Zeit zu Zeit,
sitze ich da und überlege mir

Wer bin ich
Was fühle ich
Was will ich
Was denke ich wirklich

Warum bin ich es,
die dasitzt und nachdenkt,
warum bin ich kein anderer?

Ich fühle mich unendlich einsam
und traurig in diesem Moment,
doch dann fühle ich mich unendlich glücklich
denke: Du lebst!

Doch was ist das, Leben? Warum lebe ich?
Ein unendlicher Kreislauf, immer dasselbe.
Geboren werden
lernen
arbeiten

Spaß haben, mehr oder weniger
sich mit Problemen auseinandersetzen
Masken tragen um seine
wahren Gefühle zu verstecken
und schließlich, wenn man sich
in diesem Leben endlich nach langem Kampf
einigermaßen zurech finden würde, könnte, wollte
… der Tod.

Werde ich jemals eine Antwort finden
auf meine Fragen…?

Doch vielleicht ist das, das Unerklärliche
der Reiz, das Schöne am Leben.

1a. Was sagen die Texte und Bilder über das Lebensgefühl junger Menschen aus?
1b. Nehmt dazu Stellung. Ergänzt die Darstellung mit eigenen Erfahrungen.
2. Der Tag hat 24 Stunden: Wie lange bin ich wo? Wie viel Zeit brauche ich wofür? Zeichne die Uhr in dein Heft und trage die entsprechenden Zeiten für einen normalen Schultag und für einen Sonntag ein.

Auf der Suche nach dem Ich
Gegen Ende des zweiten Lebensjahres beginnen Kinder „ich" zu sagen … Ich – das meint: Inbegriff aller Eigenarten, Verhaltensweisen, Gefühle und Einstellungen, die jemand sich zurechnet. Ich – das meint: das Zentrum der Wahrnehmungen, Gedanken, nicht zuletzt der bewussten Entscheidung und Initiative angesichts der Ansprüche, die von der Umwelt her begegnen, aber auch angesichts der eigenen spontanen Wünsche und Triebe.

In der *Phase der Pubertät* entdeckt der junge Mensch seine Eigenarten, Stärken und Schwächen, seine Möglichkeiten und Grenzen. Er merkt, dass die Zeit kommt, das Leben selbst in die Hand zu nehmen. Jetzt kommt es zur Entscheidung, ob einer Mitläufer, Abklatsch bewunderter Stars, Opfer der Meinungen anderer oder auch Opfer eigener Illusionen wird oder ob es ihm bzw. ihr gelingt, immer mehr er bzw. sie selbst zu werden. Diese Selbstwerdung wird auch Identitätsfindung genannt. Identität bedeutet Übereinstimmung mit sich selbst, vom lateinischen Wort *idem* (der-, dasselbe). Es geht darum, nicht einer zu werden, der „mit sich selbst uneins" oder „gar nicht mehr er selbst" ist, sondern einer, der sich kennt und annimmt, der in eigener Verantwortung lebt. Auf dem Weg der Identitätsfindung ist einerseits eine teilweise Lösung von bisherigen Bezugsgruppen notwendig; andererseits werden nun selbstgewählte Vorbilder oder freiwillig übernommene Ziele und Aufgaben zu einer wichtigen Orientierungshilfe. Ohne sie kann Selbstwerdung nicht gelingen.

Seine Möglichkeiten, auch die bisher unbeachteten oder unterentwickelten, zu erkennen und weiter zu entfalten, sich mit seinen – wenigstens kurzfristig nicht änderbaren – Grenzen anzunehmen, ist keineswegs leicht. Man wird auch feststellen, dass man in manchen Situationen sich selbst nicht wieder erkennt und sich fragt: warum … wie konnte ich nur? Es bleibt eine lebenslange Aufgabe, sich über sich selbst immer aufs Neue klar zu werden, sich anzunehmen, Fühlen und Wollen, Reden und Handeln immer mehr in Übereinstimmung zu bringen.

Ein gescheiter Briefwechsel
Sofie Amundsen, 15 J., bekommt eines Tages einen geheimnisvollen Brief mit der Frage: Wer bist Du? Für Sophie beginnt damit in dem Roman „Sofies Welt" eine Reise durch die Geschichte der Philosophie. Auch die 15-jährige Antonia Wanske aus Starnberg stellt Fragen, die ihr so leicht keiner beantworten kann. Was fange ich mit meinem Leben an? Warum verliebt man sich in eine bestimmte Person? Was kommt nach dem Tod? In einem Briefwechsel mit Jostein Gaarder, dem Autor von „Sofies Welt", versucht sie Antworten zu finden.

Sehr geehrter Jostein Gaarder!
Ich habe mir ihr Buch gekauft, weil mich philosophische Fragen sehr interessieren. Ich finde es toll, dass Sie die Geschichte der Philosophie in einen Roman verpackt haben. Wäre Ihr Buch eine rein theoretische Abhandlung, müsste man sich anstrengen um überhaupt mitzukommen. So kann man, wenn von der Hauptfigur Sofie erzählt wird, zwischendrin Luft holen. Sie schreiben, das Wichtigste im Leben sei, sich zu wundern und Fragen zu stellen. Wenn ich abends im Bett liege, kommen mir manchmal so merkwürdige Fragen: Was soll man hier auf der Welt überhaupt? Welche Ziele soll ich mir setzen? Ich fühle mich dann ein wenig wie Sofie. Ich frage mich, weshalb Sofie ausgerechnet 15 Jahre alt ist. Ich bin auch in diesem Alter. Ist 15 ein Wendepunkt im Leben? Ich mache mir jetzt über sehr viele Dinge Gedanken. Über eine Antwort würde ich mich freuen.   Viele Grüße, Ihre Antonia

Liebe Antonia,
es ist schön, dass dir mein Buch gefallen hat. Die 15-jährige Sofie ist ein sehr neugieriges Mädchen und eine Voraussetzung, sich mit Philosophie zu beschäftigen ist, neugierig zu sein. Philosophen sind wie Kinder, weil sie nie aufgehört haben, Fragen zu stellen. Ich denke, es ist zu spät sich mit Philosophie zu beschäftigen, wenn man über 20 ist. Viele Leute, die Philosophie studieren, geraten in ein System von Hegel oder Heidegger oder sonst jemandem und vergessen ihre eigenen Fragen, die oft viel wichtiger sind. Wenn man 15 ist, also mittendrin im Erwachsenwerden, beginnt man sich die richtigen

Fragen zu stellen – vielleicht weil man das Leben der Erwachsenen langweilig findet. Es hat auch einen Grund, dass in meinem Roman ein Mädchen die Hauptfigur ist und kein Junge: Für Mädchen ist es wichtig etwas zu verstehen. Den Jungs ist es wichtiger verstanden zu werden.

Liebe Grüße. Dein Jostein Gaarder

Lieber Jostein Gaarder!
Sie haben Recht: 15 ist ein ziemlich schwieriges Alter. Man weiß nicht so genau, wo man hingehört: In der Schule soll man erwachsen sein und in der Freizeit hat man Lust, wie ein Kind zu spielen. Und während man sich manchmal noch als Kind fühlt, geht es plötzlich los mit der ersten Liebe. Ich habe mich bei einer Segelregatta in Kiel verliebt. Dort fiel mir ein blonder Junge besonders auf. Irgendwann haben wir uns angegrinst und ich hab mir überlegt, dass ich ihn kennen lernen will. Und schon als wir die ersten Worte wechselten, dachte ich: Dem kann ich vertrauen, der ist es. Jetzt frage ich mich: Ist es möglich, dass zwei Menschen füreinander bestimmt sind? Gibt es so etwas wie Schicksal? Vielleicht wissen Sie eine Antwort.

Ihre Antonia
P.S.: Übrigens habe ich in meiner Klasse wirklich festgestellt, dass Mädchen mehr als Jungs philosophische Bücher lesen. Ich habe das Gefühl, dass Jungs sich in diesem Alter nicht so viele Gedanken machen.

Liebe Antonia, es ist schon eine merkwürdige Sache, dass wir uns ausgerechnet in eine bestimmte Person verlieben und in eine andere nicht. Aber an Schicksal, an eine übergeordnete Macht, glaube ich nicht so recht. Psychologen sagen, wenn wir uns verlieben, sehen wir etwas im anderen, das uns ähnlich ist. Wir sehen ein Stück von uns selbst. Aber auch wenn du im Moment keine vernünftige Erklärung für dein Verliebtsein hast – es ist besonders wichtig, dass du auf dich selber hörst. Manchmal ist man von Dingen überzeugt und man weiß, dass man richtig liegt, obwohl man es gar nicht begründen kann. So etwas nennt man intuitive Erkenntnis und Intuition ist sehr wichtig im Leben. Manchmal findet man durch Intuition auch eine Antwort, die man durch vernünftiges Denken nicht bekommen hätte.   Dein Jostein

Lieber Jostein Gaarder, ich habe Ihnen noch gar nicht geschrieben, dass der Junge, in den ich verliebt bin, in Cuxhaven lebt, also rund tausend Kilometer von mir entfernt! Gerade habe ich mit ihm te-lefoniert und mir ist wieder bewusst geworden, wie weit er weg ist. Nun sagt mein Verstand: Das kann nicht funktionieren. Mein Gefühl aber sagt: Er ist es, es muss funktionieren. Im Leben ist man ja oft hin und her gerissen zwischen Gefühl und Vernunft. Aber worauf soll man mehr hören? Das ist ja auch eine philosophische Frage. Was denken Sie?

Ihre Antonia

Hallo Antonia, ich denke, es ist wichtig, auf beides zu hören. Wenn man jung ist, hört man sehr auf sein Gefühl und das ist gut so. Sich zu verlieben hat etwas Naives, Kindliches und das ist sehr schön. Je älter man wird, desto mehr spielt die Vernunft eine Rolle und man findet viele Gründe sich in jemanden nicht zu verlieben. Als meine Frau und ich zusammengezogen sind, waren wir 19 Jahre alt. Ich würde heute mit niemandem mehr so schnell zusammenziehen. Ich müsste jahrelang darüber nachdenken, bevor ich es wagen würde. Philosophen haben oft mit zu viel Vernunft gearbeitet. Für mich ist Philosophie nicht nur vernünftiges Denken. Wer bin ich? Was ist die Welt? Woher kommt sie? Philosophieren ist auch etwas Sinnliches, etwas, das mit Gefühl zu tun hat.

Dein Jostein

Hallo Jostein Gaarder,
heute war ich den ganzen Tag genervt: Ich musste die Spülmaschine ausräumen und mit dem Hund rausgehen, weil mein Bruder mal wieder keine Zeit hatte. In ein paar Tagen fängt die Schule wieder an. Und ich werde wieder über meinem Englischbuch sitzen und mich fragen, wofür die ganze Lernerei gut ist. Das Leben ist doch so kurz! Eigentlich müsste man in solch einem kurzen Leben doch nur machen, was einem Spaß macht, oder?
Deine Antonia
PS.: In meinem verliebten Zustand könnte ich gar nicht auf meine Vernunft hören.

Liebe Antonia, es ist sehr gut, dass du dein Leben nicht einfach so hinnimmst. Die Philosophie lehrt uns, kritisch zu denken und wach zu sein. Was du mit deinem Leben anfangen sollst - die Antwort auf diese Frage musst du allerdings selbst finden. Erasmus von Rotterdam, ein Humanist aus der Renaissance, hat gesagt: Pferde werden geboren, Menschen werden gebildet. Wir bestimmen unser Leben selbst. Als ich ein kleiner Junge war, dachte ich sehr viel nach und war immer ein wenig traurig. Heute habe ich die Welt immer noch nicht ganz verstanden; wenn ich morgens aufwache, denke ich immer noch: Es ist schon merkwürdig, dass ich lebe. Was ist das alles, wer bin ich wirklich? Wenn man glaubt eine Antwort zu haben, hat man meist eine neue Frage. Man fragt sich zum Beispiel: Gibt es einen Gott? Wenn ich an einen Gott glaube, dann frage ich mich: Wer ist dieser Gott? Wenn ich nicht an einen Gott glaube, dann muss ich mich fragen: Wenn es keinen Gott gibt, woher kommt dann das Universum? Es ist wie im Krimi. Wenn ein Mörder gesucht wird, gibt es viele Fragen, aber nur eine Antwort. Auch wenn die Polizei den Fall nicht löst, weiß sie, dass es eine Lösung

gibt. Es ist das Gleiche in der Philosophie: Vielleicht kann der Philosoph eine sehr intelligente Antwort geben. Er muss nicht Recht haben, aber er regt zum Nachdenken an. Und vielleicht findet man eine neue Antwort.
Liebe Grüße Dein Jostein

Lieber Jostein Gaarder, das stimmt: Es gibt immer wahnsinnig viele Möglichkeiten eine Frage zu beantworten. Wenn die wissenschaftliche Erklärung nicht ausreicht, muss man seinen Glauben einschalten - zum Beispiel bei der Frage nach Gott. Ich glaube an Gott. Wenn der Vater von Hilde am Ende des Buches aber sagt: Wir sind alle Sternenstaub, finde ich diese Vorstellung auch sehr faszinierend.
Deine Antonia

Liebe Antonia.
Die Antwort von Hildes Vater ist eine mögliche Antwort. Aus wissenschaftlicher Sicht hat er recht, die Materie, aus der das Leben auf der Erde entstanden ist, findet sich auch im Universum wieder. Beim Urknall wurde sie wirklich aus den Sternen geblasen. Manchmal, wenn ich in einer Winternacht im Schnee stehe und das Universum betrachte, denke ich: Ich bin nicht nur im Universum, ich bin das Universum, ein Teil davon. Dein Jostein

Lieber Jostein Gaarder, aber wenn man sich immer nur Fragen stellt und nie die Wahrheit findet – wird man dann nicht irgendwann unglücklich?
Ihre Antonia

Liebe Antonia.
Wenn du anfängst dich mit Philosophie zu beschäftigen, bist du erst mal verwirrt. Dann bist du bald völlig verwirrt – und dann kommt der erste kleine Überblick. Es ist sehr wichtig, sich mit dem Denken der Leute vertraut zu fühlen, die vor uns gelebt haben. Manchmal hilft die Ge-

schichte der Philosophie eine Antwort zu finden. Manche Menschen stellen sich philosophische Fragen erst, wenn ihnen etwas Schlimmes passiert. Der Arzt zum Beispiel sagt: Sie haben Krebs. Dann erst fangen sie an das Leben zu schätzen. Dein Jostein.

Lieber Jostein!
Hilft denn die Philosophie, keine Angst mehr vor dem Tod zu haben? Antonia
PS.: Hast Du Angst vor dem Tod?

Liebe Antonia,
als ich so alt war wie du, wurde mir bewusst, dass ich für eine begrenzte Zeit auf dieser Welt bin. Mir wurde klar: Ich werde mein Leben leben und nie mehr zurückkommen. Da bekam ich Panik vor dem Tod und das war, glaube ich, der Grund, weshalb ich Philosophie studiert habe. Heute habe ich diese Angst nicht mehr, aber die Traurigkeit in mir ist geblieben: Es gibt so viel Leben, das von mir nicht gelebt wurde. Aber ich möchte einmal sagen können: Ich habe gelebt.
Dein Jostein

Lieber Jostein Gaarder,
aber es muss doch außer diesem Leben noch etwas geben! Manche Menschen leben unter schrecklichen Umständen in Ruanda oder Bosnien und wir haben es so gut. Das ist doch nicht fair! Es muss doch nach diesem Leiden noch etwas geben, wo bleibt sonst die Gerechtigkeit?
Ihre Antonia

Liebe Antonia,
es ist sehr wichtig, Menschen zu helfen, denen es schlechter geht als uns. Aber wir brauchen kein schlechtes Gewissen zu haben, dass wir so glücklich sind. Du hilfst den Menschen in Bosnien nicht, wenn du traurig bist. Versuche ein glückliches Leben zu führen. Aristoteles hat

gesagt: Ein glücklicher Mensch ist jemand, der seine Fähigkeiten nutzt, und ich denke, das ist wahr. Vielleicht denkst du jetzt, ich predige hier Ich-Bezogenheit. Das stimmt nicht, ich denke, Solidarität ist wichtig. Es ist wichtig zu helfen. Und zu leben, ohne andere Menschen zu zerstören. Im Christentum heißt es: Du sollst den anderen lieben wie dich selbst. Du möchtest zum Beispiel Ballett-Tänzerin werden und vielleicht fragst du dich, was hat das überhaupt für einen Sinn in einer Welt, die so grausam ist? Ich denke: Wenn du Tänzerin werden möchtest, dann werde eine.   Dein Jostein

Lieber Jostein!
Irgendwie ist es beruhigend, dass nicht nur ich mir Fragen über das Leben stelle, sondern dass andere das auch tun. Was ich mit meinem Leben anfangen soll, darüber werde ich mir immer wieder Gedanken machen. Auch dass Sie mir geschrieben haben, ich brauche kein schlechtes Gewissen haben, wenn es mir gut geht, bringt mir viel. Ich werde versuchen zu verwirklichen, was ich wirklich will. Ich habe schon seit längerem den Wunsch, einmal Rechtsanwältin zu werden, und ich werde auch alles dransetzen, einen Studienplatz zu bekommen - möglichst in der Nähe von Cuxhaven.
          Liebe Grüße, Ihre Antonia

2. Was ist der Mensch?

„Bist du ein Mensch?"
Am Tag, als das Gras nach unten wuchs und die Vögel rückwärts flogen, berief der König der Tiere eine Vollversammlung ein. Auf der Tagesordnung stand als einziges Thema: „Was ist der Mensch?" Allgemeine Zustimmung fand ein gemeinsamer Vorschlag der Läuse und Flöhe – denn die haben am meisten mit den Menschen zu tun –, die Tiere sollten doch einen offenen Tag durchführen um die

> *1. Suche dir einen der Menschen auf den Fotos aus und richte fünf Fragen an ihn.*

Menschen kennen zu lernen. Nachdem das Risiko sorgfältig durchgesprochen war, denn es ist immer ein Risiko, Menschen zu begegnen, beschlossen die Tiere einen Tag der offenen Tür. Die Vögel hatten die Einladung in alle Welt zu tragen; und so geschah es, es sollte ein Fest der Begegnung werden, ein Fest der fröhlichen Kreatur. Die Hyänen bekamen den Auftrag, an den Grenzen Posten zu stehen, Wache zu halten und jeden Gast, der vorgab, ein Mensch zu sein, nach seinem Ausweis zu fragen um die Identität zu prüfen. Nun kam der erste Mensch an die Grenze der Tiere. Würdevoll erhob sich die Hyäne, ging auf den Fremdling zu und fragte ihn: „Bist du ein Mensch?" „Ja", sagte der Zweibeiner. – „Womit kannst du dich als Mensch ausweisen?", fragte die Hyäne. – „Nenne mir drei unveränderliche Kennzeichen." Ohne zu zögern antwortete der Gefragte: „Du siehst, ich gehe aufrecht, du siehst, dass ich wie ein Mensch aussehe, du hörst, dass ich wie ein Mensch spreche! Ich bin ein Mensch."- „Das genügt uns nicht", sagten die Tiere und wiesen den Gast ab. Nach kurzer Zeit kam ein anderer und wollte in das Reich der Tiere. Auch ihm wurde gesagt, er solle sich durch drei unveränderliche Kennzeichen als Mensch ausweisen. Er überlegte einen Augenblick und sagte: „Ich bin von einem Menschen gezeugt und von einem Menschen geboren, also bin ich ein Mensch; ich denke über die Vergangenheit nach und ich plane für die Zukunft! Also bin ich ein Mensch. – „Schon besser", sagte die Hyäne, „wir wollen es mit dir versuchen, obwohl auch du uns die eigentliche Antwort schuldig ge-

blieben bist." – Noch viele kamen an die Grenze der Tiere und ihre Antworten waren: Ich fühle, ich habe einen Beruf, ich habe Geld, ich habe Macht, ich habe eine Wohnung, ich habe Waffen und vieles andere mehr. Aber die Tiere waren enttäuscht. Schon wollten sie den Tag der offenen Tür absagen, da kamen drei singende Kinder. – „Warum singt ihr?", fragte die Hyäne. – „Weil wir uns freuen", antworteten die Kinder. „Warum seid ihr gekommen?", fragte die Hyäne weiter. – „Weil wir euch danken", antworteten die Kinder. – „Und warum kommt ihr zu dritt?", wollte die Hyäne wissen. „Weil wir uns lieben", riefen die Kinder, überschritten einfach die Grenze und wurden herzlich aufgenommen. – „Ja, das sind Menschen!" sagte die weise Eule, „denn sie reden nicht von Kennzeichen, sondern sie sind es selbst; Freude, Dank und Liebe." Es wurde ein herrlicher Tag und die Tiere begannen zu hoffen.

Peter Spangenberg

---

2. Nimm Stellung zu den Aussagen, welche die Menschen über sich selbst machen.
3. Wie würdest du dich als Mensch „ausweisen"?

Seit vor etwa fünf bis fünfzehn Millionen Jahren die Linie, die zur Evolution des Menschen führte, von der anderer Primaten abzweigte, war die weitere Entwicklung vorwiegend durch die Ausbildung geistiger Fähigkeiten charakterisiert. Das Volumen des Gehirns nahm weiter zu, die sozialen Beziehungen wurden reicher, Flexibilität und Lernfähigkeit größer. Schon vor einigen Millionen Jahren verwendeten Vormenschen künstliche Werkzeuge, wie etwa behauene Steine mit scharfen Kanten. Auch der Gebrauch des Feuers ist seit mehr als einer Million Jahren verbürgt. Diese Fertigkeiten sind keine angeborenen „Instinkte", sie müssen vielmehr über viele Generationen hinweg durch Nachahmung und Belehrung weitergegeben werden. Dies setzt vermutlich wenigstens die Anfangsformen der menschlichen Sprache voraus. Schon vor mehr als hunderttausend Jahren bemalten und schmückten Vormenschen ihre Toten. Das Bewusstsein des Todes deutet auf ein Verhältnis zur Zukunft über die ganze Lebensspanne hin, weit über den Alltag oder das Jahr hinaus.

Alfred Gierer, Physiker und Biologe

„Nur ein Schilfrohr, das zerbrechlichste in der Welt, ist der Mensch, aber ein Schilfrohr, das denkt."
Blaise Pascal (1623-1662) Mathematiker und Philosoph

„Die Ameise kennt die Formel ihres Ameisenhaufens. Die Biene kennt die Formel ihres Bienenstocks...Nur der Mensch kennt seine Formel nicht." *Fedor Michajlovic Dostojevskij (1821-1881)*

Lied des Menschen

Ich bin ein Mensch: doch bild ich mir nicht ein,
Ich könnt im Dunkeln besser sehn als Eulen.
Ich könnte lauter als die Wölfe heulen,
Und könnte stärker als ein Löwe sein.

Ich bin ein Mensch: doch
glaub ich nicht, ich sei
So glücklich wie Delphine,
wenn sie springen,
So selig wie die Meisen, wenn
sie singen,
Auch nicht so schnurrig wie
ein Papagei.

Ich bin ein Mensch und doch
in jedem Tier,
In Laus und Adler, Raupe,
Pfau und Schnecke,
Sie sind die fernsten Ahnen,
und ich stecke
In jedem Tier, und jedes
steckt in mir.

Doch bin ich Mensch in ganz besonderem Sinn,
Wenn Tiere schnurrig sind, verspielt und heiter,
Dann sind sie schnurrig, heiter und nichts weiter,
Ich aber weiß es, wenn ich glücklich bin.

Was Tiere sind, das sind und bleiben sie.
Ein Wolf bleibt Wolf. Ein Löwe bleibt eine Löwe,
Doch ich kann alles sein, Delphin und Möwe.
Ich bin ein Mensch. Ich habe Phantasie.

James Krüss

So wie der Körper des Menschen keine Waffen, so weise auch seine Seele keine Kunsttriebe* auf. Deshalb empfing er die Hände und die Vernunft, zum Ausgleich für die Nacktheit seines Körpers und die Abwesenheit von Kunsttrieben in seiner Seele. Indem er seine Hände und seine Vernunft benützt, bewaffnet und beschützt er seinen Körper auf jede Weise und schmückt seine Seele mit allen Künsten...Aristoteles hat darum sehr gut gesagt, dass die Hand ein Werkzeug statt aller Werkzeuge ist. Aristoteles folgend, könnten wir ebenso gut den Satz aufstellen, dass die Vernunft eine Kunstfertigkeit statt aller Kunstfertigkeiten ist. Wie die Hand, weil sie kein besonderes Werkzeug ist, die andern ersetzt, da sie alle handhaben kann, ebenso ersetzt die Vernunft, ohne eine besondere Kunstfertigkeit zu sein, sie doch alle, da sie sie in sich aufnehmen kann.

Diogenes v. Appollonia
(um 460–390 v. Chr)
griechischer Naturphilosoph

*Unter Kunsttrieb versteht Diogenes z. B. die angeborenen Fähigkeiten der Tiere, Nester zu bauen, Beute zu machen (vgl. Spinnennetz) usw.

Wer dankt, denkt über sich hinaus,
lebt über sich hinaus.
Aber oft vergessen wir das Danken,
weil wir das Leben als Geschenk,
die Gesundheit als Geschenk,
die Kinder als Geschenk,
die Freunde als Geschenk,
die Liebe als Geschenk,
die Eltern als Geschenk,
die Arbeit als Geschenk
nicht sehen.
Alles ist eingeebnet
im Bewusstsein größter Selbstverständlichkeit
und eigener Leistung.
Man hat nichts zu verdanken.

Theresia Hauser

Menschen aus dem Katalog?

Man stelle sich vor: Auf Seite 8 des Katalogs werden Exemplare unserer Gattung angeboten, die blaue Augen und blonde Haare haben und mindestens 1,80 m groß sind. Zwei Seiten später dagegen werden die Wünsche derer erfüllt, die mehr den südländischen Typ bevorzugen: schwarze Haare, dunkler Teint, feuriges Temperament. Selbstverständlich für beide Ausgaben eine Immunitätsgarantie gegen Infektionen oder andere gesundheitliche Beeinträchtigungen durch die Umwelt. Rückgaberecht bei Versagen eingeschlossen. Auch Umtausch der Ware möglich. Blättert man weiter, so findet man andere außergewöhnliche Angebote: den „Untertanen-Typ", der wie ein Roboter alles erledigt, was man ihm aufträgt. IQ minimal, Kraft und Ausdauer maximal, mit einer über 100-jährigen Lebensdauer. Oder den „Intelligenzler", der wie ein Computer die Lösung schwierigster wissenschaftlicher und technischer Probleme nach Sekunden ausspuckt. Das Sortiment ist umfangreich: Sportlertypen, Künstlermenschen, für jeden Zweck ein Angebot. Selbst Militärstrategen kommen auf ihre Kosten... Menschen auf Bestellung? Die Gentechnik könnte dies eines Tages vielleicht bewerkstelligen. Mit einem gezielten Eingriff in das menschliche Erbgut könnte man den Menschen seiner Wahl züchten.

Und was sagt die Bibel über den Menschen?

Wir finden vielfältige Zeugnisse dafür, dass die Menschen immer wieder über ihre Stellung und Aufgabe in der Welt nachgedacht haben. Im Ersten Testament, im Buch „Jesus Sirach", hat ein Jerusalemer Weisheitslehrer um 180 v. Chr. wichtige Gedanken dazu festgehalten. Mit seiner Sammlung von Lebens- und Verhaltensregeln, in denen er den überlieferten Glauben mit den Problemen seiner Zeit zu verbinden versucht, wendet er sich vor allem an die Jugend, um sie für die Aufgaben und Schwierigkeiten des Lebens zu erziehen.

16

[24] Hört auf mich und lernt von meiner Erfahrung, richtet euren Sinn auf meine Worte!

[25] Wohlüberlegt trage ich meine Gedanken vor und bescheiden teile ich mein Wissen mit:

[26] Als Gott am Anfang seine Werke erschuf und ihnen zu ihrem Dasein Gesetze gab,

[27] hat er ihre Aufgabe für immer festgelegt und ihren Machtbereich für alle Zeiten. Sie ermatten nicht und werden nicht müde, sie lassen nicht nach in ihrer Kraft.

[28] Keines seiner Werke verdrängt das andere und bis in Ewigkeit widerstreben sie seinem Befehl nicht.

[29] Dann hat der Herr auf die Erde geblickt und sie mit seinen Gütern erfüllt.

[30] Mit allerlei Lebewesen bedeckte er ihre Fläche und sie kehren wieder zu ihr zurück.

17

[1] Der Herr hat die Menschen aus Erde erschaffen und lässt sie wieder zu ihr zurückkehren.

[2] Gezählte Tage und eine bestimmte Zeit wies er ihnen zu und gab ihnen Macht über alles auf der Erde.

[3] Ihm selbst ähnlich hat er sie mit Kraft bekleidet und sie nach seinem Abbild erschaffen.

[4] Auf alle Wesen legte er die Furcht vor ihnen, über Tiere und Vögel sollten sie herrschen.

[6] Er bildete ihnen Mund und Zunge, Augen und Ohr und ein Herz zum Denken gab er ihnen.

[7] Mit kluger Einsicht erfüllte er sie und lehrte sie, Gutes und Böses zu erkennen.

[8] Er zeigte ihnen die Größe seiner Werke um die Furcht vor ihm in ihr Herz zu pflanzen.

[9] Sie sollten für immer seine Wunder rühmen

[10] und seinen heiligen Namen loben.

Jesus Sirach 16,24-30; 17,1-10

4a. Untersuche anhand der Bilder und Texte, was Menschsein alles umfasst.
b. Fasse deine Überlegungen in einer Merkmalliste zusammen.

Alle Lebewesen sind angewiesen auf Nahrung, auf Lebensbedingungen des Klimas und der Vegetation, auf die Gemeinschaft mit Artgenossen und nicht zuletzt auf die Gesundheit des eigenen Leibes. Während nun die Bedürftigkeit der Tiere auf ihre Umwelt beschränkt ist, kennt die des Menschen keine Grenzen. Er ist nicht nur angewiesen auf bestimmte Bedingungen seiner Umgebung, sondern darüber hinaus auf etwas, das sich ihm entzieht, sooft er nach einer Erfüllung greift.

Wolfhart Pannenberg

Der Mensch hat Eigenschaften, die kein Tier hat, und er hat Wirkungen hervorgebracht, „die im Guten und Bösen ihm eigen bleiben. Kein Tier frisst seinesgleichen aus Leckerei: kein Tier mordet sein Geschlecht auf den Befehl eines Dritten mit kaltem Blut. Kein Tier hat Sprache, wie der Mensch sie hat, noch weniger Schrift, Tradition, Religion, willkürliche* Gesetze und Rechte. Kein Tier endlich hat auch nur die Bildung, die Kleidung, die Wohnung, die Künste, die unbestimmte Lebensart, die ungebundenen Triebe, die flatterhaften Meinungen, womit sich beinah jedes Individuum der Menschen auszeichnet...Das Tier ist nur ein gebückter Sklave...Der Mensch ist der erste Freigelassene der Schöpfung: er steht aufrecht. Die Waage des Guten und Bösen, des Falschen und Wahren hängt in ihm: er kann forschen, er soll wählen … So ist der Mensch im Irrtum und in der Wahrheit, im Fallen und Wiederaufstehen Mensch, zwar ein schwaches Kind, aber doch ein Freigeborener: wenn noch nicht vernünftig, so doch einer besseren Vernunft fähig: wenn noch nicht zur Humanität gebildet, so doch zu ihr bildbar."

Johann Gottfried Herder (1744-1803),
deutscher Dichter

* „willkürlich" bedeutet hier „willentlich gesetzt"

> *Menschen können auch ohne Worte sprechen:*
> ⇨ *Betrachte die Bilder von Händen und beschreibe, was sie ausdrücken.*
> ⇨ *Suche noch andere Handgesten.*

Was bist du, Mensch?

Mehr
Als eine winzige Spur
verweht im Sandmeer
der Jahrmillionen

Mehr
als das Produkt
einer Ei- und Samenzelle
dem Zufall verhaftet

Mehr
als eine Nummer
im Elektronengehirn
des Computers
mit Daten gespeichert
abrufbar

Mehr
viel mehr

Nicht
weil dein Geist
Jahrmillionen
das Universum,
Gesetze des Lebens
die technischen Möglichkeiten
erfasst

Nicht
weil du zählst
zu den Großen der Erde
weil Papyrus
Tontafeln
Chroniken
Schallplatten
Tonbänder
deinen Namen bewahren

Mehr
viel mehr

weil Gott
dich beim Namen nennt

Christa Peikert-Flaspöhler

3. Warum Mensch-werden nicht so einfach ist

1. Wie reagierst du auf solche Redewendungen?
2. Welche den Menschen prägende Faktoren kommen in diesen Redewendungen zum Ausdruck?
3. Schreibe zur Zeichnung einen zum Thema passenden Text.

Hallo Tanja!
Entschuldige, dass ich dich gleich mit meinen Problemen überfalle. Ich habe mich heute wieder mal wahnsinnig über meine Eltern aufregen müssen. Sie wollen einfach nicht wahrhaben, dass ich alt genug bin um meine Angelegenheiten selbst zu regeln. Heute Nachmittag z. B. sollte ich beim 70. Geburtstag von Oma dabei sein, obwohl ich mit meiner Clique etwas unternehmen wollte. Und kürzlich haben sie mir verboten um 10 Uhr noch in die Disko zu gehen. Überhaupt soll ich immer nur was für die Schule tun. Als gäbe es nichts Wichtigeres im Leben! Und wenn ich mir in der Boutique was Schickes kaufe oder meine Haare neu mache, geht das nie, ohne dass Mama eine Bemerkung macht. Heute Morgen hat sie mir auch gesagt, sie sei nicht meine Putzfrau, ich soll gefälligst selbst mein Zimmer sauber machen und meine Kleider aufräumen. Ich habe es satt, immer bevormundet zu werden. Ich kann doch machen, was ich will. Schließlich werde ich bald 16 …

Folgende Rede hielt der berühmte amerikanischer Strafverteidiger Clarence Darrow (1857-1938) zu Anfang unseres Jahrhunderts vor Strafgefangenen in den USA:

Meine Herren!
Ich habe in meinem Anwaltsleben Hunderte von sogenannten Verbrechern kennen gelernt und verteidigt: ich kann Ihnen bestätigen, von keinem von Ihnen glaube ich, er habe sein Los verdient: Gewiss, Sie waren straffällig geworden: doch lag es nicht an Ihnen – es ging zu Lasten von Umständen, die völlig außerhalb Ihres Einflusses lagen, für die Sie in keiner Weise verantwortlich sind. Viele von Ihnen sind wegen Mord, Totschlag, Raub, Unterschlagung, Vergewaltigung usw. verurteilt worden. Doch ich bin mir sicher, die meisten von Ihnen könnten noch nicht einmal angeben, weshalb sie solches taten. Vielleicht hatten Sie damals tatsächlich den Eindruck, sie hätten auch anders handeln können. Dennoch – es war eine Täuschung. Wenn Sie sorgfältig alle damaligen Umstände noch einmal erwögen, wenn ein Psychologe Ihnen auch Ihre geheim-

sten Motive aufdecken könnte, dann sähen Sie, dass Sie damals keine Wahl hatten. Unvermeidlich wurden Sie zu dem gedrängt, was Sie getan haben. Sie hatten nicht die geringste Chance es zu verhindern, genauso wenig, wie es uns außerhalb dieser Mauern hätte anders ergehen können. Dies mag Ihnen kein großer Trost sein. Dennoch: Sie besitzen dieselbe Würde wie jeder andere auch. Sie gehören nicht zu dem, was man draußen den Abschaum der Menschheit nennt, sondern Sie gehören zur großen Zahl der unglücklichen Brüder derer, die mehr Glück gehabt haben.
Clarence Darrow

Auch aus einer Rede vor Strafgefangenen:
Der bekannte Psychiater Viktor E. Frankl (1905-1997) berichtet von einem Erlebnis in einem kalifornischen Zuchthaus, wo er den Gefangenen Vorträge halten sollte. Dabei bekam er von ihnen zu hören, sie seien es endlich satt, sich monatlich von irgendeinem Psychologen immer wieder sagen zu lassen: „Ihr seid die Opfer, das Produkt von Kindheitskonflikten, gestörten Familienverhältnissen usw." Sie könnten das nicht mehr hören. Frankl sagte etwas ganz anderes: „Ihr seid Menschen wie ich. Ihr habt die Freiheit gehabt, diese oder jene Gemeinheit zu tun oder zu lassen. Aber jetzt habt Ihr auch die Verantwortung, über Eure Schuld hinauszuwachsen." – Die Gefangenen äußerten nachher, hier habe sie zum ersten Mal einer als Mensch ernst genommen.

---

4. Was ist Tanjas Problem?
5. Setzt euch mit den Thesen der beiden Reden auseinander.

Der Adler
Ein Mann ging in einen Wald um nach einem Vogel zu suchen, den er mit nach Hause nehmen könnte. Er fing einen jungen Adler, brachte ihn heim und steckte ihn in den Hühnerhof zu den Hennen, Enten und Truthühnern. Und er gab ihm Hühnerfutter zu fressen, obwohl er ein Adler war, der König der Vö-

gel. Nach fünf Jahren erhielt der Mann den Besuch eines naturkundigen Mannes. Und als sie miteinander durch den Garten gingen, sagte der: „Der Vogel dort ist kein Huhn, er ist ein Adler!" „Ja", sagte der Mann, „das stimmt. Aber ich habe ihn zu einem Huhn erzogen. Er ist jetzt kein Adler mehr, sondern ein Huhn, auch wenn seine Flügel drei Meter breit sind." „Nein", sagte der andere. „Es ist noch immer ein Adler, denn er hat das Herz eines Adlers. Und das wird ihn hoch hinauffliegen lassen in die Lüfte." „Nein, nein", sagte der Mann, „er ist jetzt ein richtiges Huhn und wird niemals wie ein Adler fliegen." Darauf beschlossen sie eine Probe zu machen. Der naturkundige Mann nahm den Adler, hob ihn in die Höhe und sagte beschwörend: „Der du ein Adler bist, der du dem Himmel gehörst und nicht dieser Erde: breite deine Schwingen aus und fliege!" Der Adler saß auf der hochgereckten Faust und blickte um sich. Hinter sich sah er die Hühner nach ihren Körnern picken und er sprang zu ihnen hinunter. Der Mann sagte: „Ich habe dir gesagt, er ist ein Huhn." „Nein", sagte der andere, „er ist ein Adler. Versuche es morgen noch einmal." Am andern Tag stieg er mit dem Adler auf das Dach des Hauses, hob ihn empor und sagte: „Adler, der du ein Adler bist, breite deine Schwingen aus und fliege!" Aber als der Adler wieder die scharrenden Hühner im Hofe erblickte, sprang er abermals zu ihnen hinunter und scharrte mit ihnen. Da sagte der Mann wieder: „Ich habe dir gesagt, er ist ein Huhn." „Nein", sagte der andere, „er ist ein Adler und er hat noch immer das Herz eines Adlers. Lass es uns noch ein einziges Mal versuchen; morgen werde ich ihn fliegen lassen." Am nächsten Morgen erhob er sich früh, nahm den Adler und brachte ihn hinaus aus der Stadt, weit weg von den Häusern an den Fuß eines hohen Berges, jede Zinne erstrahlte in der Freude eines wundervollen Morgens. Er hob den Adler hoch und sagte zu ihm: „Adler, du bist ein Adler. Du gehörst dem Himmel und nicht dieser Erde. Breite deine Schwingen aus und fliege!" Der Adler blickte umher, zitterte, als erfülle ihn neues Leben – aber er flog nicht. Da ließ ihn der naturkundige Mann direkt in die Sonne schauen …

Wir sind in eine bestimmte Familie, in eine bestimmte Kultur, Religion und Gesellschaft, einen Staat, eine bestimmte Phase der Menschheitsgeschichte hineingeboren. Die Gesichtszüge und unsere Gestalt verraten zeitlebens unsere Herkunft und unser Verbundensein mit bestimmten Menschen. Wir können nicht „aus unserer Haut fahren". Unser körperliches Wohlbefinden haben wir nur teilweise in der Hand. Wir sind bestimmten physikalischen und biochemischen Gesetzen unterworfen. Unsere genetische Ausstattung gibt vieles von dem vor, was wir tun und nicht tun. Wir werden auch von unbewussten Trieben und Bedürfnissen oder Wünschen geleitet. Alle guten und schlechten Erfahrungen und Erlebnisse werden im Unterbewusstsein gespeichert und beeinflussen unser Leben positiv oder negativ. Wozu wir aus dem Unterbewussten angetrieben werden, entzieht sich weitgehend bewusster Steuerung. Wir sind auch geprägt von der sozialen Schicht und der Gruppe, der wir zugehören. Unser Verhalten und Fehlverhalten kann wesentliche Gründe in gesellschaftlichen Strukturen haben: in der wirtschaftlichen Situation, im Bildungsstand der Eltern, in der Denkweise und im Lebensstil einer Epoche und eines Volkes. Diese „Mitwelt" hat großen Einfluss darauf, wie weit wir uns entfalten können. Sich der „Abhängigkeiten" bewusst werden, hilft sie zu durchbrechen bzw. aus dem etwas zu machen, was die Verhältnisse aus uns gemacht haben. Zwar können die vielfältigen Prägungen unseren Handlungsspielraum in gewisser Weise einschränken, können manchmal auch Belastung bedeuten, aber sie verhindern, dass wir uns in der Welt, in die wir hineingeboren wurden, verlieren. Sie geben uns einen Standort und helfen uns im Leben zurechtzukommen. Durch unsere Vernunftbegabung und den Einsatz der Willenskraft, durch neue Erfahrungen und durch den Dialog mit anderen Menschen haben wir die Chance, über unsere Prägung hinauszuwachsen und zum eigenen Ich zu finden.

Mein Lieblingsgebet*

Herr,
Du kennst mich,
Du weißt, wie ich bin.
Du weißt auch,
dass ich oft unzufrieden bin,
weil ich ganz anders sein möchte.
Ich möchte so gut sein,
dass ich mich vor keiner Arbeit fürchten müsste;
so unkompliziert, dass ich leicht Freunde fände;
so aussehen, dass mich alle mögen;
nicht so langweilig, wie ich mich finde.

Oft träume ich,
ich wäre ein anderer Mensch,
beliebt und begehrt.
Ich weiß, es ist viel,
was ich mir von Dir erträume, was ich von Dir
und mir verlange.

Ich bitte Dich:
Öffne meine Augen,
dass ich mich so sehe und annehme,
wie Du mich gewollt hast
und wie ich bin,
mit meinen Fehlern und Grenzen,
aber auch mit meinen Fähigkeiten
und Möglichkeiten.
Dann kann ich mich lieben, wie Du mich liebst.
Amen

* Dieses Gebet hat S. H. aus Dellmensingen an die Zeitschrift
des BdKJ „Querschnitt" geschickt. Das Mädchen bezeichnete
es als ihr Lieblingsgebet.

4. Frei will ich sein

> *1. Erkundige dich nach der Geschichte, die dieses Bild erzählt.*
> *2. Sucht nach Erklärungen, warum diese über 2000-jährige Story noch heute erzählt wird.*
> *3. Formuliere zur Karikatur links einen Titel.*

Abigail und Gregor

Es war einmal ein Mädchen, das hieß Abigail. Sie lebte am Alligator-Fluss, in dem es von Krokodilen wimmelte. Ihr Freund Gregor lebte auf der anderen Seite des Flusses. Beide waren sehr ineinander verliebt und hatten große Sehnsucht einander wieder zu sehen. Unglücklicherweise hatte nämlich ein Unwetter die kleine Brücke zerstört, so dass es für beide schwer war, zueinander zu kommen. Abigail verging beinahe vor Sehnsucht. Daher suchte sie den Fischer Sindbad auf, der das einzige Boot in der Gegend besaß. Sie schilderte ihm die Situation und bat ihn sie über den Fluss zu fahren. Sindbad erklärte sich dazu bereit, aber nur unter der Bedingung, dass sie vorher mit ihm schliefe. Abigail war entrüstet über dieses Tauschgeschäft, weil sie Sindbad nicht liebte und deshalb nicht mit ihm schlafen wollte. Sie wies Sindbads Ansinnen zurück und ging fort um andere Leute zu suchen, die ihr helfen würden. Sie bat viele Leute um Hilfe, doch niemand wusste einen Weg für sie. Enttäuscht ging sie nach Hause zu ihrer Mutter und erzählte von ihren vergeblichen Versuchen und von Sindbads Vorschlag. Sie bat die Mutter um Rat. Die Mutter antwortete: „Schau, Abigail, du bist jetzt ein großes Mädchen. Du musst selbst wissen, was du tun willst und deine Entscheidungen jetzt allein treffen!" Sprach's und ging ihren eigenen Geschäften nach. Abigail dachte lange nach. Schließlich entschloss sie sich, Sindbads Vorschlag anzunehmen, weil sie Gregor unbedingt wieder sehen wollte. In der Nacht schlief sie mit Sindbad. Und er erfüllte sein Versprechen und brachte sie am nächsten Morgen ans andere Ufer des Flusses. Nach einigen glücklichen Stunden mit Gregor hatte Abigail das Bedürfnis Gregor zu sagen, was vorgefallen war. Als er die ganze Geschichte gehört hatte, geriet er außer sich vor Wut: „Was hast du getan? Ich kann nicht glauben, dass du das getan hast! Du hast mit Sindbad geschlafen! Jetzt ist alles aus! Vergiss uns beide! Ich will nichts mehr mit dir zu tun haben!" Verzweifelt ging Abigail fort. Bitter weinend traf sie einen jungen Burschen mit Namen Slug. Sie lehnte sich an seine Schulter und klagte ihm ihr Leid. Slug hörte voller Empörung zu und ging zornig zu Gregor um ihn zu verprügeln. Abigail folgte ihm, schaute von ferne zu und begann zu lachen.

4. Nimm dir Zeit und denke über die Geschichte in Stille nach: Mit welcher Person kannst du dich am leichtesten identifizieren?
a. Zeichne das Sympathiebarometer von S. 20 in dein Heft und ordne die fünf Personen auf der Skala ein.
b. Begründe deine Entscheidung.
c. Warum lacht Abigail, warum weint sie?

Kleinere und größere Freiheiten

Die Skiausfahrt der 9a nach Oberstdorf war perfekt vorbereitet. Alle hatten dazu mitgeholfen. Nun erwartete die ganze Klasse ein besonderes Erlebnis. Vor allem die Gemeinschaft sollte gefördert werden. Die beiden Begleitlehrer stellten auch für das nächste Jahr eine Ausfahrt in Aussicht, falls sich alle an die Abmachungen hielten. Nach zweieinhalb Stunden Fahrt im Zug war man nun endlich auf der Piste, es konnte losgehen. Noch einmal zwei Stunden blieben wir unter Aufsicht unserer Lehrer. Nach dem gemeinsamen Mittagessen auf der Mittelstation gaben sie endlich „freie Fahrt" bis 16.00 Uhr. Die einzelnen Gruppen konnten selbst bestimmen, wo und wie sie skifahren wollten, einzige Bedingung: Man musste zusammenbleiben und durfte die Pisten nicht verlassen. Um 16.00 Uhr versammelten sich alle an der Seilbahn – bis auf Michael, Heike und Frank. Niemand hatte sie während der letzten Stunde gesehen. Eine halbe Stunde später – von den dreien noch immer keine Spur – schickten die Lehrer ihre Schüler mit der Gondel zur Talstation. Ein Lehrer wartete oben. Es blieb nicht mehr

Heute mache ich keine Hausaufgaben!

In den Sommerferien möchte ich endlich mal Geld verdienen!

Bei der Foto-AG möcht ich unbedingt mitmachen!

Die Disco am Samstag lasse ich mir nicht verbieten!

viel Zeit, denn die Rückreise im Zug war auf 17.15 Uhr angesetzt. Doch bald war klar, dass dies nicht mehr zu schaffen war. Das hieß rumgammeln bis zum nächsten Zug um 19.20 Uhr. Um halb sechs endlich – die Klasse saß schon im Bus, der sie zum Bahnhof bringen sollte – kamen Heike, Frank und Michael mit dem Lehrer an der Talstation an. Gespannt, aber auch verärgert warteten die anderen auf eine Erklärung...

„Anmeldung für den Schüleraustausch bis 5. April" Eigentlich wollte Julia in den Ferien mit ihrer Jugendgruppe ins Sommerlager gehen. Sie hatte sich darauf gefreut. Und nun dieses Angebot: Ein Frankreichaufenthalt von zwei Wochen mit der Möglichkeit dort Französisch sprechen zu lernen – mit Familienanschluss. In ihrer Situation könnte sie das gut gebrauchen, denn ihre Kenntnisse in diesem Fach waren nicht gerade berauschend. Was sollte sie tun? Sie hatte sich doch mit ihrer Freundin Iris zusammen für das Jugendlager angemeldet. Außerdem erlaubten die Eltern von Iris die Teilnahme nur, wenn Julia mitginge. Als Julia ihre Eltern fragt, sagen diese: „Das musst du selbst entscheiden!"

Martin geht zur Berufsberatung. Am Ende der 9. Klasse will er sich informieren, wie groß die Chancen sind eine Lehrstelle als Bankkaufmann zu bekommen, falls er nach der Mittleren Reife abginge. Die Schule bereitet ihm eigentlich keine Schwierigkeiten. Doch er fragt sich: Lohnt es sich bis zum Abitur weiterzumachen. Bei seinen Eltern findet er Verständnis für beide Möglichkeiten.

Christine will nach dem Abitur ein soziales Jahr im Altersheim machen. Alle sagen ihr, für ihr späteres Berufsziel Mode-Designerin sei es eigentlich sinnvoller, in einer Boutique zu arbeiten. Neben der Vorbereitung auf ihre Ausbildung hätte sie noch andere Vorteile. Sie bekäme Prozente beim Kauf eigener Kleider, hätte eine geregelte Arbeitszeit und wäre längst nicht so angebunden wie im Heim. Denn dort, so sagte man ihr beim Vorstellungsgespräch, sei die Arbeitszeit sehr unregelmäßig, man müsse auch mal abends oder am Sonntag da sein. Trotzdem bleibt Christine bei ihrem Entschluss, auch als

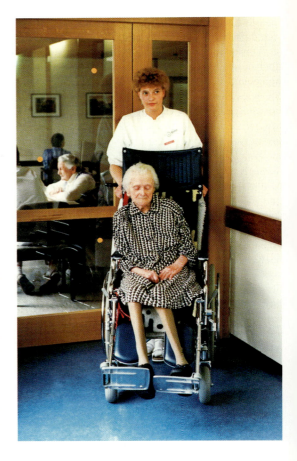

ihre Freundin Petra ihr vorrechnet, wie sie die Zeit bis zum Studienbeginn nutzen möchte: „Wenn ich 6 Wochen am Band arbeite und noch einige Überstunden mache, habe ich so viel Geld, dass ich mir ein gebrauchtes Auto kaufen und dann endlich mit meiner Clique wegfahren kann, nach Spanien oder Griechenland vielleicht." Sie fügt dann hinzu: „Ich kann nicht verstehen, dass du so blöd bist, dir eine neue Verpflichtung aufzuhalsen statt deine Freiheit zu genießen."

5. Die Freiheit zu entscheiden ist eine Chance, manchmal aber auch eine Last. Sie kann auch missbraucht werden. Zeige dies an den Beispielen.

■ Ist Mutter Teresa... nicht frei, wenn sie eine gesicherte Lebensform hinter sich lässt und sich um die Sterbenden auf den Straßen Kalkuttas sorgt und Neugeborene aus den Mülltonnen herausklaubt? Ist ein Franz von Assisi nicht frei, wenn er Gewand und Gehalt, Reichtum und Lebenssicherheit aufgibt und – als Kritik, stumm und beredt zugleich, an einer reichen Kirche – dem armen Jesus nachfolgt? Ist ein P. Alfred Delp nicht ein „freier", wenn er aus dem Gefängnis, bevor er am 2.2.1945 gehängt wird, schreibt: Brot ist wichtig, Freiheit ist wichtiger, am wichtigsten ist die unverratene Anbetung und die ungebrochene Treue? Ist ein Martin Luther King nicht frei, der sich von seinen schwarzen Brüdern in Pflicht genommen sieht und dann im Kampf gegen den Rassismus und für die Menschenrechte seiner schwarzen Brüder erschossen wird? Ist ein Thomas More nicht frei, der vor der Enthauptung noch seinen Bart wegstreichen kann mit der Bemerkung, der habe gewiss keinen Hochverrat begangen – jener Mann, der von sich sagte, er habe nie daran gedacht, einer Sache zuzustimmen, die gegen sein Gewissen gewesen wäre?

Roman Bleistein SJ

■ Viele meinen „tun und lassen, was man will" ist der höchste Grad der Freiheit. Freiheit, richtig verstanden, bedeutet „sich für etwas entscheiden" und für diese Entscheidung Verantwortung übernehmen. Darin zeigt sich die Würde des Menschen. Wer so verantwortlich handelt, auch den anderen achtet und dessen Freiheit respektiert, formt seine Persönlichkeit und findet zu seiner Identität.

II. Gewissenhaft leben

1. Der Mensch zwischen Gut und Böse

Ein reicher Schatz an Erfahrungen wird in allen Kulturen unter anderem in Sprichwörtern, Märchen, Sagen und Traumgeschichten weitergegeben.

Der undankbare Sohn
Es saß ein Mann mit seiner Frau vor der Haustür und sie hatten ein gebratenes Huhn vor sich stehen und wollten das zusammen verzehren. Da sah der Mann, wie sein alter Vater daherkam. Geschwind nahm er das Huhn und versteckte es, weil er ihm nichts davon gönnte. Der Alte kam, tat einen Trunk und ging fort. Nun wollte der Sohn das gebratene Huhn wieder auf den Tisch tragen, aber als er danach griff, war es eine große Kröte geworden, die

sprang ihm ins Angesicht und saß da und ging nicht wieder weg, und wenn sie jemand wegtun wollte, sah sie ihn giftig an, als wollt' sie ihm ins Angesicht springen, so dass keiner sie anzurühren getraute. Und die Kröte musste der undankbare Sohn alle Tage füttern, sonst fraß sie ihm aus seinem Angesicht, und also ging er in der Welt hin und her.

Brüder Grimm

„Tue recht und scheue niemand!"

„Allen Menschen recht getan ist eine Kunst, die niemand kann."

„Lass dich nicht erwischen!"

„Wasch mich, aber mach mir den Pelz nicht nass!"

Die Geschwister Hans Scholl (geb. 1918) und Sophie Scholl (geb. 1921) sowie Christoph Probst waren Mitglieder der studentischen Widerstandsorganisation „Weiße Rose". Sie organisierten ab Herbst 1942 die Verteilung von Flugblättern, in denen sie zum Widerstand gegen das nationalsozialistische Herrschaftssystem und den Krieg aufriefen. Nach der Flugblattaktion vom 18.2.1943 an der Universität München wurden sie von der Gestapo verhaftet, vom Volksgerichtshof zum Tode verurteilt und am 22.2.1943 in Berlin-Plötzensee hingerichtet.

Das Beispiel der „Weißen Rose"

Nach dem Untergang der 6. deutschen Armee in Stalingrad im Januar 1943 werden in München und Umgebung immer mehr Flugblätter der Widerstandsgruppe „Weiße Rose" gefunden. Auf ihnen ist u. a. zu lesen:

„Hat dir nicht Gott selbst die Kraft und den Mut gegeben zu kämpfen?"

„Zerreißt den Mantel der Gleichgültigkeit, den ihr um euer Herz gelegt. Entscheidet Euch, ehe es zu spät ist!"

„Vergesst nicht, dass ein jedes Volk diejenige Regierung verdient, die es erträgt!"

Ein Ausschnitt aus einem Gespräch zwischen dem Philosophieprofessor Huber und dem Medizinstudenten Christoph Probst:

„Unsere Aufgabe wird es ein", sagte Professor Huber, „die Wahrheit so deutlich und hörbar als möglich hinauszurufen in die deutsche Nacht. Wir müssen versuchen den Funken des Widerstandes, der in Millionen ehrlicher deutscher Herzen glimmt, anzufachen, damit er hell und mutig lodert. Die Einzelnen, die vereinsamt und isoliert gegen Hitler stehen, müssen spüren, dass eine große Schar Gleichgesinnter mit ihnen ist. Damit wird ihnen Mut und Ausdauer gegeben. Darüber hinaus müssen wir versuchen diejenigen Deutschen, die sich noch nicht klar geworden sind über die dunklen Absichten unseres Regimes, aufzuklären und auch in ihnen den Entschluss zu Widerstand und aufrechter Abwehr zu wecken. Vielleicht gelingt es in letzter Stunde, die Tyrannis abzuschütteln und den wunderbaren Augenblick zu nützen, um gemeinsam mit den anderen Völkern Europas eine neue, menschlichere Welt aufzubauen."

„Und wenn es nicht gelingt?" erhob sich eine Frage. „Ich zweifle sehr, dass es möglich sein wird, gegen diese eisernen Wände von Angst und Schrecken anzurennen, die jeden Willen zur Erhebung schon im Keim ersticken."

„Dann müssen wir es trotzdem wagen", entgegnete Christl (Probst) leidenschaftlich. „Dann haben wir durch unsere Haltung und Hingabe zu zeigen, dass es noch nicht aus ist mit der Freiheit des Menschen. Einmal muss das Menschliche hoch emporgehalten werden, dann wird es eines Tages wieder zum Durchbruch kommen. Wir müssen dieses Nein riskieren gegen eine Macht, die sich anmaßend über das Innerste und Eigenste des Menschen stellt und die Widerstrebenden ausrottet. Verantwortung kann uns niemand abnehmen. Der Nationalsozialismus ist der Name für eine böse, geistige Krankheit, die unser Volk befallen hat. Wir dürfen nicht zusehen und schweigen, wenn es langsam zerrüttet wird."

Lange saßen sie in dieser Nacht beisammen. In solchen Gesprächen, im Für und Wider der Meinungen und Bedenken erwarben sie sich die klare, feste Schau, die notwendig war um innerlich zu bestehen. Denn es kostete keine geringe Kraft gegen den Strom zu schwimmen. Schwieriger aber und bitterer noch war es, dem eigenen Volk die militärische Niederlage wünschen zu müssen, sie schien die einzige Möglichkeit zu sein, es von dem Parasiten zu befreien, der sein innerstes Mark aussaugte. (vgl. S. 29f.)

■ *Jesus erzählt einmal dieses Gleichnis:*
„Was meint ihr? Ein Mann hatte zwei Söhne. Er ging zum ersten und sagte: Mein Sohn, geh und arbeite heute im Weinberg! Er antwortete: Ja, Herr!, ging aber nicht. Da wandte er sich an den zweiten Sohn und sagte zu ihm dasselbe. Dieser antwortete: Ich will nicht. Später aber reute es ihn, und er ging doch." *Mt 21,28-30*

■ *Der Apostel Paulus schreibt:*
„Ich weiß nicht, was ich tue. Denn ich tue nicht, was ich will, sondern was ich hasse, das tue ich... Denn das Gute, das ich will, das tue ich nicht, sondern das Böse, das ich nicht will, das tue ich." *Röm 7,15.19*

⇨ 10 DM zu viel erhaltenes Wechselgeld: Das sind meine Prozente! Die verdienen eh genug!

⇨ Öffentliche Verkehrsmittel sind viel zu teuer: Schwarzfahren schafft einen Ausgleich!

⇨ Die Brieftasche gehört bestimmt einem „reichen Sack": Dem tut es nicht weh, wenn ich sie behalte!

⇨ In jeder Unterführung diese jämmerlichen Gestalten: Man sollte ihnen doch etwas geben.

⇨ Von der Weinlieferung könnte man doch etwas „abzweigen" und der Versicherung als „Bruch" melden: Wofür zahlt man seine Prämie!

⇨ Die alten Nachbarn waren schon lange nicht mehr zu sehen: Man müsste mal einen Besuch machen.

⇨ Endlich will einer das Mofa kaufen. Noch dazu für einen guten Preis! Das Geld kann ich brauchen: Soll man da auf versteckte Mängel hinweisen?

⇨ Unsere Clique ist echt super. Der „Neuzugang" in der Klasse sucht Anschluss: Nehmen wir ihn doch auf!

– Mal ehrlich: Wie würdest du dich verhalten?
– Welche Erfahrungen, die in den Beispielen angesprochen sind, machst du selbst?

■ Aus eigener Erfahrung und aus den Erfahrungen anderer wissen wir, dass wir in bestimmten Situationen empfinden: dies ist gut, das ist böse, da bin ich mir nicht sicher. Dies geschieht, wenn wir etwas beobachten und wenn wir selbst zu entscheiden haben. Das Gefühl für Gut und Böse lässt uns nicht in Ruhe. Es macht uns nachdenklich und drängt zum Handeln oder mahnt uns, etwas nicht zu tun. Und nun stellt sich die Frage: Stimme ich zu oder lehne ich ab? Tue ich dies oder tue ich es nicht? Je nachdem, wie wir uns entscheiden, fühlen wir uns gut oder unwohl. Wir sagen, wir haben ein gutes oder ein schlechtes Gewissen.

2. Das Gewissen

1. In welchen Situationen, bei welchen Gelegenheiten spürst du etwas in dir, das du als Gewissen bezeichnen würdest?
2. Welche Bilder und Vergleiche fallen dir zu diesem Phänomen ein?
3. Wie wird in den nachfolgenden Texten von Gewissen gesprochen?

In der Bibel wird das, was wir mit dem Begriff Gewissen meinen, meist mit dem Wort „Herz" ausgedrückt. Der Anspruch des Gewissens, den wir im Zusammenhang mit schuldhaftem oder mit gutem Handeln erfahren, wird meist mit dem Herzen in Verbindung gebracht. Das Herz ist das Innerste, die

"Sie redet ihm ins Gewissen."

"Ein gutes Gewissen ist ein sanftes Ruhekissen".

"Das muss er vor seinem Gewissen verantworten."

"Nach bestem Wissen und Gewissen habe ich entschieden."

"Auf Ehre und Gewissen."

"Wer diese Welt will recht genießen, der brauche Tücke und kein Gewissen!"

Mitte des Menschen. In ihm wohnen die guten und bösen Gedanken. Im Aufruf des Herzens, das Gute zu tun und das Böse zu meiden, schafft sich Gott Gehör. Darin spürt der Mensch seine Verantwortung vor sich und vor Gott. Das Herz des Menschen lässt sich von der Weisung Gottes formen, wenn der Mensch sein Wort in seinem Inneren wirken lässt.

Hier sind einige Beispiele dafür, wie die Bibel von der Erfahrung des Gewissens spricht:

Der gerechte Gott prüft den Menschen auf "Herz und Nieren" *(Ps 7,10).*
"Der Mensch sieht auf das Äußere, Gott aber schaut auf das Herz" *(1 Sam 16,7).*
Gott sagt dem Menschen zu: "Ich schenke euch ein neues Herz und lege einen neuen Geist in euch. Ich nehme das Herz von Stein aus eurer Brust und gebe euch ein Herz aus Fleisch" *(Ez 36,26).*
Der junge König Salomo bittet Gott: "Verleih deinem Knecht ein hörendes Herz, damit er dein Volk regieren und das Gute vom Bösen zu unterscheiden versteht" *(1 Kön 3,9).*
"Von innen, aus dem Herzen der Menschen kommen die bösen Gedanken..." *(Mk 7,21).*

"Wie zittern und wanken der Sünder Gedanken,
indem sie sich untereinander verklagen
und wiederum sich zu entschuldigen wagen.
So wird ein geängstet Gewissen
durch eigene Folter zerrissen."
Johann Sebastian Bach (1685-1750),
Kantate "Herr, geh nicht ins Gericht":

■ **"Im Innern seines Gewissens entdeckt der Mensch ein Gesetz, das er sich nicht selbst gibt, sondern dem er gehorchen muss und dessen Stimme ihn immer zur Liebe und zum Tun des Guten und zur Unterlassung des Bösen anruft und, wo nötig, in den Ohren des Herzens tönt: Tu dies, meide jenes. Denn der Mensch hat ein Gesetz, das von Gott seinem Herzen eingeschrieben ist, dem zu gehorchen eben seine Würde ist** und gemäß dem er gerichtet werden wird. Das Gewissen ist die verborgenste Mitte und das Heiligtum im Menschen, wo er allein ist mit Gott, dessen Stimme in diesem seinem Innersten zu hören ist." *Zweites Vatikanisches Konzil (1962-65)*

■ Eine jüdische Legende
Zu einem Rabbi kam einmal in großer Not ein politischer Flüchtling und flehte ihn an, ihn aufzunehmen und zu verbergen. Im ersten Mitleid nahm der Rabbi den Mann in sein Haus. Das "gehetzte Angesicht" erbarmte ihn. Gegen Abend umzingelten die Häscher des Königreichs die Stadt, der Geflüchtete sei auszuliefern, verlangten sie. Andernfalls werde die Stadt dem Erdboden gleichgemacht. In seiner Not studierte der Rabbi die heiligen Schriften der Juden. Nach langem Suchen fand er einen Ausweg: "Wo das Leben vieler in Gefahr steht, darf der Angeklagte ausgeliefert werden." Als der Rabbi den Flüchtling der Miliz übergeben hatte, erschien ihm der Prophet Elija und stellte ihn zur Rede: "Warum dachtest du nicht an jene heilige Schrift, die allein in den Herzen der Gerechten geschrieben steht? Sieh, in der Not helfen nicht die Meister der Lehre; da bist du mit Gott allein..." Und der Prophet wandte sich um und ging hinaus ohne Gruß. Rabbi Josuas Kopf aber sank auf den Tisch nieder in bitterster Not und er erkannte, dass er falsch gewählt hatte.

4. Was erkennt der Rabbi als falsch?
5. Warum suchen wir eher Hilfe bei anderen, bei Autoritäten, statt unserem eigenen tiefen Empfinden, unserer inneren Stimme zu trauen?

■ *Jeder, der aus seiner inneren Mitte leben will, muss sich ein Leben lang mühen "um den Beziehungspunkt nach innen hin; das, was macht, dass seine Kräfte und Handlungen kein Durcheinander, sondern eine Einheit bilden" (R. Guardini). Eine Hilfe dabei können verschiedene Formen der Meditation sein.*

Stille

Werde still
und finde heim
zu dir selbst.
Verzehre deine Kräfte nicht
im Lärm der Welt.
Es ist gut,
wenn du deine Arbeit tust,
deine Aufgaben und Pflichten erfüllst –
und es ist wichtig,
daß du das gern tust.

Aber gehe nicht auf in dem,
was draußen ist,
sondern nimm dich immer wieder zurück.
Sammle deine Gedanken,
versenke dich in deine eigene Tiefe
und suche nach der Mitte deines Wesens
und deines Lebens.
Von dieser Mitte her
wirst du den Maßstab finden
für das, was wirklich wichtig ist
für die Erfüllung,
für die Ganzheit deines Lebens.

Christa Spilling-Nöker

Pierre-Yves Trèmois, Pour la Naissance du Surhomme. Ein Mensch in einem vollkommenen Kreis – in embryonaler Haltung – durch feine Adern verbunden mit umgebendem Gewebe, mit den Elementen und Strukturen – Lichtstrahlen von kosmischen Körpern?

Mandalas nennt man Kreisbilder, die ihre Zeichen und Figuren um eine betonte Mitte anordnen. Sie gehen auf uralte Traditionen zurück. Das linke heißt Shri Yantra und stammt aus Tibet.
⇨ *Suche dir eines aus, lass es dir kopieren und male es in Ruhe und Stille aus.*

Sir Thomas More (latinisiert: Morus). Nach einem Gemälde von Hans Holbein, 1527.
Thomas More wurde 1478 als Sohn eines Londoner Richters geboren, kam als Page an den Hof des Erzbischofs, studierte Jura in Oxford, wurde ein glänzender Anwalt und Mitglied des Parlaments. In seinem Haus verkehrten berühmte Künstler und Gelehrte wie Hans Holbein und Erasmus von Rotterdam. In seinem Buch „Utopia" entwarf er das Bild eines idealen Staates, in dem es gerecht zugeht und in dem man sich gegenseitig zu möglichst großer Fröhlichkeit verhilft. Thomas Morus war verheiratet und hatte vier Kinder. Er pflegte ein gastliches Haus, es wurde gefeiert, diskutiert und viel gelacht, denn Thomas war bekannt für seine Witze. Zum Hausstand gehörte ein kleiner Zoo mit Vögeln, Bibern, einem Affen, einem Fuchs, einem Wiesel u.a. In London galt er als der „beste Freund der Armen", er verteidigte sie kostenlos in Prozessen und sorgte, dass sie regelmäßig zu essen bekamen. Im Jahre 1529 brachte Thomas den Frieden zwischen dem französischen König und dem deutschen Kaiser zu Stande. Dann erklomm er das höchste Staatsamt: Von 1529 bis 1532 war er Lordkanzler des englischen Königs Heinrich VIII. 1532 trat er zurück. 1535 wurde er wegen „Hochverrats" zum Tode verurteilt und hingerichtet. Thomas Morus wurde im Jahre 1935 vom Papst heilig gesprochen – ein Zufall?

„Ich leiste niemand einen absoluten Gehorsam. Eine solche Instanz kennt die Kirche und folglich auch der Papst nicht... Wenn ich bei einem Trinkspruch der Religion gedenken müsste, so würde ich mein Glas auf das Wohl des Papstes leeren: mit Verlaub – aber zuerst auf das Gewissen – und dann auf den Papst."

John Henry Newman (1801-1890), Kardinal

Thomas Morus – ein Vorbild gründlicher Gewissensentscheidung

Der Friede in England und das Schicksal des Hauses Tudor standen auf dem Spiel: Drei Söhne, die aus der Ehe Heinrichs VIII. mit der spanischen Prinzessin Katharina von Aragon hervor-

gingen, starben früh. Von seiner Frau war kein Thronfolger mehr zu erwarten. Heinrich verliebte sich in die Hofdame Anna Boleyn und verlangte vom Papst die Nichtigkeitserklärung seiner Ehe. Sie wurde ihm nicht gewährt. Das war für den König Anlass, die Kirche Englands von Rom zu lösen und sich selbst zm Herrn der „Anglikanischen Kirche" zu machen. Heinrich verlangte von jedermann den Suprematseid. In ihm hieß es: „Der König, unser oberster Herr, seine Erben und Nachfolger sollen als die alleinigen irdischen Häupter der englischen Kirche betrachtet werden und die volle Gewalt besitzen, alle Irrtümer, Ketzereien, Missbräuche und Ärgernisse zu unterdrücken und auszurotten."
Thomas bekennt sich zum Urteil des Papstes, tritt 1532 als Lordkanzler zurück und ist fortan in seinem Haus in Chelsea schriftstellerisch tätig.
Anderthalb Jahre später aber stürzt ihn der geforderte Suprematseid in einen Gewissenskonflikt. Er fragt sich: Muss ich dem König in einer Glaubenssache gehorchen? Darf der König über das Gewissen seiner Untertanen verfügen? Er sammelt Argumente und prüft sie. Ihm wird klar: Der König tut Unrecht. Mit Berufung auf sein Gewissen verweigert Thomas im Jahre 1534 den Eid.
Heinrich VIII. ist empört und versucht ihn umzustimmen. Als dies nicht gelingt, beschließt er seinen Willen zu brechen, er enteignet die Familie und lässt Thomas in den berüchtigten Tower werfen. Dem königlichen Prüfungsausschuss, dem der Erzbischof von Canterbury und der Schatzkanzler angehören, spricht Thomas das Recht ab sein Gewissen zu prüfen: „Ihr müsst verstehen, dass jeder gute und getreue Untertan seinem Gewissen mehr verpflichtet ist als allem anderen. Das gilt besonders in meinem Fall. Denn ich habe nie Anlass gegeben zu Verleumdung, Unruhe oder Aufstand gegen meinen Fürsten. Ich beteuere deshalb meine Weigerung, irgendeinem Menschen dieser Welt mein Gewissen offen zu legen und meinen Sinn in dieser Sache."
Seine Frau Alice kann ihn nicht verstehen und bedrängt ihn, er solle andere nicht unnötig in Not bringen, den Eid schwören und nicht mehr darüber nachdenken. Thomas Morus tut das Elend seiner Familie weh, aber bittet um Verständnis: „Ich will meine Seligkeit nicht für vielleicht noch zwanzig

Jahre des Wohllebens aufs Spiel setzen. Mein Gewissen verbietet mir das!" Auch seine Lieblingstochter macht den Gang zu ihrem Vater vergeblich. Er schreibt ihr: „Ich habe keinen Menschen davor zurückgehalten, den Eid zu schwören. Niemandem habe ich geraten ihn zu verweigern. Niemandem, der zu dem Schwure bereit war, habe ich Zweifel in den Kopf gesetzt. Und ich werde es auch nicht tun. Vielmehr überlasse ich jeden Menschen seinem eigenen Gewissen. Und ich fände es weiß Gott in Ordnung, wenn man mich dem meinen überlässt."

Der König greift zu immer härteren Mitteln: Thomas wird Zeuge der grauenvollen Folterung und Hinrichtung der Londoner Kartäusermönche, die den Eid ebenfalls verweigern. Thomas kann dies immer noch nicht zum Eid bewegen. Er schweigt und versucht sich so vor einer Verurteilung zu schützen.

Schließlich greift Heinrich VIII. zu einer altbewährten Methode. Mit ein wenig Nachhilfe findet sich jemand, der einen Meineid schwört: More habe ausdrücklich geleugnet, der König sei Oberhaupt der Kirche. Diese Falschaussage erlaubt es, Thomas als Hochverräter zu verurteilen. Darauf steht nach dem Gesetz eine besonders grausame Hinrichtung. „Atemwürgende Todesangst" gesteht er seiner Tochter. In seinen 440 Kerkertagen, die ihn so schwächen, dass er weder stehen noch gehen kann, schreibt er die „Betrachtungen über das Leiden Christi". Bei der Stelle „und sie legten Hand an ihn" soll man ihm die Feder weggenommen haben. Begnadigt zum vergleichsweise barmherzigen Tod durch das Beil stirbt Thomas am 6. Juli 1535 auf Tower Hill – heiter und gelassen. Von der Haft geschwächt bittet er die Diener, ihm beim Gang hinauf aufs Schafott beizustehen, „herunterkommen werde ich wohl schon von allein". Als er dann den Hals unters Beil legen muss, nimmt er seinen Bart vorsichtig zur Seite und bemerkt: „Der wenigstens hat ja keinen Hochverrat begangen!".

Seine letzten Worte sind:
„Ich sterbe als des Königs treuer Diener, aber zuerst als Diener Gottes."

Die „Weiße Rose" – das Gewissen, die Kraft gegen den Strom zu schwimmen.

Als die Mitglieder der Widerstandsgruppe „Weiße Rose" (vgl. S. 24), Hans und Sophie Scholl, Christoph Probst, Alexander Schmorell und die anderen, gefangen genommen und verurteilt wurden, gingen sie ruhigen Gewissens in den Tod, wie die letzten Nachrichten über sie belegen:
Darauf wurde Sophie von einer Wachtmeisterin herbeigeführt. Sie trug ihre eigenen Kleider und ging langsam und gelassen und sehr aufrecht. (Nirgends lernt man so aufrecht gehen wie im Gefängnis.) Sie lächelte, als schaue sie in die Sonne. Bereitwillig und heiter nahm sie die Süßigkeiten, die Hans abgelehnt hatte: „Ach ja, gerne, ich habe ja noch gar nicht Mittag gegessen." Es war eine unbeschreibliche Lebensbejahung bis zum Schluss, bis zum letzten Augenblick. Auch sie war um einen Schein schmaler geworden, aber in ihrem Gesicht stand ein wunderbarer Triumph. Ihre Haut war blühend und frisch – das fiel der Mutter auf wie noch nie –, und ihre Lippen waren tiefrot und leuchtend. „Nun wirst du also gar nie mehr zur Türe hereinkommen", sagte die Mutter. „Ach, ein paar Jährchen, Mutter", gab sie zur Antwort. Und dann betonte sie auch, wie Hans, fest überzeugt und triumphierend: „Wir haben alles, alles auf uns genommen" und „Das wird Wellen schlagen".

Das war in diesen Tagen ihr großer Kummer gewesen, ob die Mutter den Tod gleich zweier Kinder ertragen würde. Aber nun, da sie so tapfer und gut bei ihr stand, war Sophie wie erlöst. Noch einmal sagte die Mutter: „Gelt, Sophie: Jesus." Ernst, fest und fast befehlend gab Sophie zurück: „Ja, aber du auch." Dann ging auch sie – frei, furchtlos, gelassen. Mit einem Lächeln im Gesicht.

Christl (Probst) konnte niemand mehr von seinen Angehörigen sehen. Seine Frau lag im Wochenbett mit seinem dritten Kindchen, seinem ersten Töchterchen. Sie erfuhr von dem Schicksal ihres Mannes erst, als er nicht mehr lebte. Die Gefangenenwärter berichteten: „Sie haben sich so fabelhaft tapfer benommen. Das ganze Gefängnis war davon beeindruckt. Deshalb haben wir das Risiko auf uns genommen – wär es rausgekommen, hätte es schwere Folgen für uns gehabt –, die drei noch einmal zusammenzuführen, einen Augenblick vor der Hinrichtung. Wir wollten, dass sie noch eine Zigarette miteinander rauchen konnten. Es waren nur ein paar Minuten, aber ich glaube, es hat viel für sie bedeutet: „Ich wusste nicht, dass Sterben so leicht sein kann", sagte Christl Probst. Und dann: „ In wenigen Minuten sehen wir uns in der Ewigkeit wieder."

Dann wurden sie abgeführt, zuerst das Mädchen. Sie ging ohne mit der Wimper zu zucken. Wir konnten alle nicht begreifen, dass so etwas möglich ist. Der Scharfrichter sagte, so habe er noch niemand sterben sehen. Und Hans, ehe er sein Haupt auf den Block legte, rief laut, dass es durch das Gefängnis hallte: „Es lebe die Freiheit."

> *6. Wie erklärt ihr euch die innere Ruhe der zum Tode Verurteilten?*

■ **Wer nach reiflicher Überlegung und sorgfältiger Prüfung zu einer Entscheidung gekommen ist, verspürt in seinem Innern die Verpflichtung danach zu handeln, sonst wird er sich selbst untreu. Das Gewissen warnt vor dem Bösen, mahnt zum Guten und beurteilt das Handeln. Gläubige erkennen im Gewissen letztlich den Anspruch Gottes, die „Stimme Gottes" im Menschen, das Gute unbedingt zu tun und das Böse zu lassen. In der Freiheit dieser Stimme zu folgen oder sich ihr zu verweigern, gründet die Würde des Menschen. Die Treue gegenüber dem eigenen Gewissen macht frei und letztlich vom Urteil anderer Menschen unabhängig. Wer seinem Gewissen folgt, macht Gebrauch von seiner unverletzlichen Freiheit.**

Die von Gott geschenkte Gewissensanlage ist keine fertige Größe, sondern muss entfaltet werden. Dazu braucht der Mensch Kenntnisse über die Bildung des Gewissens und Maßstäbe und Vorbilder zu seiner Orientierung.

■ Das Gewissensentscheidungsspiel
Das Spiel eignet sich zum Durchspielen von Entscheidungskonflikten, die nur durch eine Ja-Nein- bzw. Entweder-Oder-Entscheidung gelöst werden können. Den Konflikt, den ihr lösen wollt, schlagt ihr selbst vor. Es kann ein realer Fall, eine ausgedachte Dilemmasituation oder eine Geschichte (vgl. S. 26) sein.
Sitzordnung: Am besten Hufeisenform. In der Hufeisenöffnung drei Stühle abgewandt aufstellen.
Darstellung der Entscheidungssituation: Vorlesen / erzählen bis zum Entscheidungspunkt.
Spielverlauf: Eine Schülerin/ein Schüler übernimmt die Aufgabe, die Gewissensentscheidung zu treffen. Sie/er setzt sich auf Stuhl 1. Die anderen Schüler der Klasse sind die inneren Stimmen, die seine Entscheidung beeinflussen. Hinter den Stuhl 2 tritt, wer ein Argument für die Nein-Entscheidung „einsagt", hinter Stuhl 3, wer ein Argument für die Ja-Entscheidung vorbringt. Jede „Stimme des Gewissens" beginnt mit den Worten: „Ich würde es tun (Ja sagen), denn" bzw. „Ich würde es nicht tun (Nein sagen), denn..."
Ende des Spiels: Sobald der Schülerin/ dem Schüler auf dem „Entscheidungsstuhl" die Entscheidung klar ist, steht sie / er auf und verkündet der Klasse ihre / seine Gewissensentscheidung. Danach erklärt sie / er, welches Argument für sie / ihn ausschlaggebend war.

3. Die Anlage entfalten

Das Gewissen ist kein fertiges Etwas, keine statische Größe. Es kann nur richtig reagieren, indem es sich beständig entfaltet. So hat das Gewissen jedes Menschen seine eigene Geschichte. Es durchläuft einen Prozess, den der Mensch nur zum Teil selbst bestimmen kann. Entwicklung und Erziehung des Gewissens geschehen durch Innen- und durch Außensteuerung. Beide Momente sind aufeinander bezogen und ergänzen einander. Jeder Einzelne bil-

det und formt sein Gewissen, aber das Gewissen bedarf auch der Weckung und Orientierung durch andere.

Die Psychologie hat erforscht, wie die Gewissensanlage, also die Fähigkeit des Menschen sein Handeln nach Gut und Böse zu bewerten, entfaltet wird bis hin zur personalen Eigenverantwortung.

In der ersten Phase seiner Einwicklung ist ein Kind vor allem darauf aus das zu tun, worauf es gerade Lust hat. Dagegen richtet die Erziehung Dämme auf. Das Kleinkind lernt, die Forderungen der Realität, die Ansprüche der Umwelt wahrzunehmen und sich einzufügen.

Dies geschieht zunächst durch die elterlichen Gebote und Verbote. Diese werden verstärkt durch elterliche Liebesbeweise bzw. durch die Androhung von Strafen. Von einem Gewissen kann in dieser Entwicklungsphase noch nicht gesprochen werden. Das Kind befolgt lediglich Ge- und Verbote und das meist auch nur so lange, wie es von den Eltern kontrolliert wird.

Im weiteren Verlauf der Entwicklung, etwa zwischen dem 3. und 5. Lebensjahr, kommt es zu einer ersten Entfaltung der Gewissensanlage. Das Kind verinnerlicht die elterlichen Gebote und Verbote, es übernimmt sie als eigene Weisungen. Nicht mehr die Eltern, sondern das Kind selbst weist sich zurecht. Dem so entstandenen kindlichen Gewissen fehlt jedoch noch weitgehend die Einsicht in die Werthaftigkeit der Zusammenhänge und die eigene Entscheidungsfähigkeit. Ob die verinnerlichten Elterngebote sinnvoll und berechtigt sind oder nicht, ist für das Kind noch keine Frage, es folgt und gehorcht; obendrein erhält es sich die Liebe der Eltern. Wenn es nicht gehorcht, missfällt es den anderen und es bekommt Schuldgefühle. Diese erste Stufe des Gewissens wird *„Gehorsamsgewissen"* genannt. Mit zunehmendem Alter folgt das Kind mehr und mehr der eigenen Einsicht und übernimmt für sich und die Mitmenschen Verantwortung.

Eine *wichtige Phase der weiteren Entfaltung der Gewissensanlage* ist die Zeit der *Pubertät*. Der Jugendliche hat ein Bedürfnis sich anders zu verhalten, als er sich bisher in seiner Kindheit verhielt. Er wehrt sich vor allem gegen Fremdbestimmung. Er sucht nach eigenen Werten und Vorbildern, kritisiert stark das Verhalten Erwachsener und zeigt auch eine gewisse Selbstkritik. Die anerzogenen Regeln des Gehorsamsgewissens werden nicht mehr einfach akzeptiert und befolgt, sondern

kritisch auf ihre Berechtigung und ihren Sinn überprüft. Ob Ge- oder Verbote befolgt werden oder nicht, das hängt nicht mehr einfach davon ab, dass sie von den Eltern oder anderen Autoritäten gegeben wurden, sondern ob man sie einsieht bzw. ob sie einsichtig sind. Regeln, die nicht sinnvoll und gerechtfertigt erscheinen, lehnt man ab, und wenn Eltern sie mit massivem Druck dennoch durchsetzen wollen, werden sie unwillig oder nur unter Protest befolgt. Eltern, die ihren heranwachsenden Kindern keinen eigenen Entscheidungsspielraum gewähren und immer auf Erfüllung ihrer Anordnungen pochen, behindern diese in der Entwicklung zur eigenverantwortlichen Persönlichkeit. Solche Kinder können zu manipulierbaren Mitläufern werden, wenn sie zeitlebens auf der Stufe des unmündigen Gehorsamsgwissens stehen bleiben.

Bei einem gelungenen Erziehungs- und Reifungsprozess erreicht der Mensch am Ende des Jugendalters die Stufe des mündigen *„Verantwortungsgewis-*

sens". Ein solcher Mensch folgt aus Einsicht in die als richtig erkannten Grundsätze und Normen. Er entscheidet sich frei für sie und handelt danach. Ein besonderes Kennzeichen des mündigen Gewissens ist seine Empfindsamkeit. Das empfindsame Gewissen reagiert auf jedes Fehlverhalten und auf jede Abweichung von der gefundenen und gewählten Grundausrichtung. Wir begegnen solcher Sensibilität z. B. bei Menschen, die sich in die Situation anderer einfühlen können, die mit Armen, Kranken und Unterdrückten mitfühlen und die nicht ruhen etwas gegen Ungerechtigkeit, Unfrieden und Zerstörung der Natur zu tun. Solche Empfindsamkeit

hat nichts zu tun mit jener Überempfindlichkeit des skrupulösen Gewissens, das zwanghaft und überängstlich ist.

Das Milgram-Experiment

Ein Beispiel für die Manipulierbarkeit des Menschen ist das Experiment, das der amerikanische Sozialpsychologe Stanley Milgram mit Freiwilligen von unterschiedlicher Herkunft, Bildung und Altersstruktur durchführte. Er wollte herausfinden, wie Menschen reagieren und wie weit sie gehen, wenn ihnen von einer Autorität Befehle erteilt werden. Dazu führte er 1963 ein Experiment mit 500 Testpersonen durch.

Der Versuch war so angeordnet, dass die Testperson in Raum A einer angeblichen Versuchsperson in einem Raum B über eine Sprechanlage Wortpaare vorgab, welche diese kombinieren sollte. Ordnete die „Versuchsperson" sie falsch an, musste die eigentliche Testperson den Gefragten mit einem Stromstoß bestrafen. Die Testperson wusste nicht, dass kein Stromstoß erfolgte. Der Versuchsleiter gab vor, man untersuche wissenschaftlich, wie sich Strafe auf das Lernvermögen auswirke. Auf die „Stromstöße" reagierte die angebliche Versuchsperson mit vorgetäuschten Schmerzäußerungen. Trotz Jammern, Schreien und der Bitte aufzuhören steigerten 63 % der Testpersonen die „Stromstöße" über die tödliche Dosis hinaus. Die meisten entschuldigten sich, sprachen unsicher, stotterten, schwitzten, zitterten, rutschten hin und her, atmeten heftig, aber sie machten auf den Befehl des Versuchsleiters hin weiter.

„Kann mir mal einer erklärn, wie unser Kleiner neuerdings auf so'n Stuß kommt?"

1. *Überprüfe bei dir selbst, auf welcher Stufe der Gewissensbildung du dich selbst einschätzt.*
2. *Das Leben spielt sich in verschiedenen Bereichen ab, in der Familie, der Schule, der Clique, im Verein, in einer Freundschaftsbeziehung. Gelten für dich immer die gleichen Maßstäbe für das Gewissen, z. B. bei der Wahrheit oder beim Eigentum?*
3. *Diskutiert die Rolle der Medien bei der Gewissensbildung.*

Die Darstellung der Entwicklung des Gewissens zeigt eine ideale Stufenfolge der Gewissensbildung. Dabei ist zu beachten, dass die Höchststufe nicht „automatisch" erreicht wird, sondern dass ein Leben lang auf sie hingearbeitet werden muss. Die Erfahrung zeigt auch, dass es in der Entwicklung des Einzelnen ein Auf und Ab in den Stufen gibt. Auch kann in unterschiedlichen Lebensbereichen derselbe Mensch auf verschiedenen Stufen der Gewissensbildung sein Handeln gestalten.

Eltern

Gesellschaft

Erzieher

Gruppe

Öffentliche Meinung

Gesellschaft

Fremderziehung
↑
Gehorsam

Fremderziehung
Fremdbestimmung
↑
Selbstbestimmung

Fremdbestimmung
↑
Selbstbestimmung

Selbstbeherrschung

Selbstkontrolle
Verantwortung

Einsicht
Verantwortung

Triebe

Anlagen

Anlagen

Neigungen

Triebe

Neigungen

Anlagen

Triebe

Vor den Augen seiner Vorgesetzten

Augsburger Postbote zerfetzt Sektenbrief

Beamter weigert sich Scientology-Werbung zuzustellen

AUGSBURG – Vor den Augen seiner Vorgesetzten hat ein 44-jähriger Postbote aus Augsburg 330 Wurfsendungen der „Scientology Church" (SC) zerfetzt. Der Beamte hatte sich geweigert, die SC-Post in die Briefkästen seines Zustellgebietes zu stecken. Er könne diese Tätigkeit nicht mit seinem Gewissen vereinbaren, ließ er die Direktoren wissen. Scientology sei keine Kirche, sondern ein undemokratisches Wirtschaftsunternehmen. Vom Bundesdisziplinargericht in München wurde der Vater dreier Kinder deshalb jetzt zu einer empfindlichen Strafe verurteilt. 13 Monate lang soll sein Gehalt um 20 Prozent gekürzt werden. Der 44-jährige legte gegen diese Entscheidung Widerspruch ein. Der bemerkenswerte Vorfall hatte sich schon vor einem Jahr in einem Augsburger Postamt ereignet. Von einem Kollegen war der Briefträger auf die Wurfsendung der Scientology aufmerksam gemacht worden. Auf dem „Aufklärungsblatt" seien Scientologen abgebildet gewesen, die angeblich gegen die Verfassung verstießen, sagte der 44-jährige zur SZ. Auf der Rückseite sei der Empfänger dann in einem ironischen Begleittext auf die vermeintliche behördliche Verfolgung von SC-Mitgliedern hingewiesen

worden. „Das war der Gegenangriff zur Beckstein-Politik", glaubt der 44-jährige. Nicht um den Innenminister zu schonen, sondern um den Scientologen generell in die Suppe zu spucken, habe er die Zettel zerrissen. „Ich bin überzeugt, dass diese Gruppe sehr gefährlich ist und den Staat unterwandern will", so der Postbeamte. Man müsse handeln, bevor es in Deutschland „wieder einmal zu spät sei".

Moralische Bedenken

Seine Vorgesetzten, die den Beamten als zuverlässig, beliebt und hilfsbereit schildern, leiteten schließlich ein Disziplinarverfahren ein. Es ist nicht das erste für den 44-jährigen. Vor einigen Jahren musste er 100 Mark Geldbuße zahlen, weil er im Wahlkampf Postwurfsendungen der Republikaner nicht zugestellt hatte. Der Postbote bestand auch jetzt noch darauf, dass dieser Vermerk in seiner Personalakte bleibt und nicht entfernt wird. Einmal, erzählte er, habe er Wurfzettel der rechtsextremen Deutschen Volksunion austragen müssen. Danach habe ihn tagelang ein schlechtes Gewissen geplagt.

Conny Neumann

4a. Wie begründet der Postbote sein Handeln?
b. Muss er bestraft werden?
c. Welche Merkmale der Gewissensentwicklung erkennst du?

Auf den Gewinn einer Abenteuerreise wird es wohl verschiedene Reaktionen geben:

Die einen freuen sich darauf, andere nehmen zwar an, haben aber Bedenken, manche werden aus Angst lieber daheim bleiben. Auf jeden Fall muss eine Reise dieser Art besonders sorgfältig vorbereitet werden. Älter- und schließlich Erwachsenwerden ist wie eine solche Reise in ein fremdes Land.
Die im „Erwachsenenland" Angekommenen geben Ratschläge für die Reise der Jungen: Nimm dies mit, lass jenes weg; tu das, lass jenes!

Übertragen wir das auf die Frage nach der Entfaltung unseres Gewissens:

Was brauchen wir dafür? Könnte es hilfreich sein, wenn die Eltern, die Schule, der Staat, die Kirche uns Gebote und Verbote geben? Können Vorbilder, überlieferte Werte und Traditionen helfen? Kann der Anruf Gottes, wie er uns in der biblischen Botschaft begegnet, Wegweisung sein?
Wäre es nicht töricht, alles ganz neu herausfinden zu wollen, was schon früher den Menschen wertvoll war und ihr Zusammenleben leichter gemacht hat?

4. Werte, Normen und Gesetze

Oft sagen wir:

„Das kann man von mir nicht verlangen"

„Das ist doch nicht verboten, oder?!"

„Wo steht das geschrieben?"

„Mir hilft auch keiner!"

„Da kann ja jeder kommen!"

„Was geht mich das an?"

„Das ist Vorschrift, da kann man nichts machen!"

„So kann's nicht weitergehen. Da muss sich endlich was ändern!"

1. Beschreibe Situationen, in denen solche Redensarten verwendet werden!
2. Nenne Regeln und Gesetze, die das Leben in verschiedenen Bereichen unserer Gesellschaft ordnen!

■ Die Menschen haben durch Erfahrung und Nachdenken erkannt, dass es für das Leben des Einzelnen und für das Zusammenleben in der Gemeinschaft unverzichtbare *Werte* gibt. Darum müssen diese Werte geschützt werden. Dazu helfen *Normen* und Maßstäbe, an denen die Menschen ihr Verhalten ausrichten. Normen regeln somit das Miteinander in einer Gemeinschaft, in der Gesellschaft, im Staat. Sie helfen dem Einzelnen sich im Zusammenleben zurechtzufinden und sie entlasten ihn bei der Suche nach verantwortlichen Entscheidungen. Normen begegnen uns als Verhaltensregeln und Gebräuche, als *Verbote* und *Gebote*, als *Gesetze* und *Weisungen*. An Werten und Normen orientiert sich das Gewissen.

Ein grundlegender *Wert* ist zum Beispiel das Leben. Auch die *Bibel* bekennt sich zu ihm, indem sie Gott geradezu als Gott des Lebens (vgl. Dtn 30,15-20) bezeichnet. Gott ist Herr und Erhalter des Lebens (vgl. Mt 6,24-32); er will, dass wir das Leben schützen und Leid abwenden. Die Bibel möchte auch, dass dieser Grundwert Leben, insbesondere das menschliche, geschützt wird. Dafür stellt sie eine Norm, ein Gebot, eine Weisung auf: „Du sollst nicht morden." (Dtn 5,17). Um dieser Norm im konkreten Zusammenleben des Volkes einen besonderen Ernst und Nachdruck zu verleihen, wurden im Volk Israel Strafgesetze formuliert. In ihnen stand, was passiert, wenn jemand das Leben eines anderen bedroht oder auslöscht (vgl. Num 35, 25).

Die *Allgemeine Erklärung der Menschenrechte* (vgl. S. 44f.) und das *Grundgesetz der Bundesrepublik Deutschland* gehen ebenfalls vom Leben als einem Höchstwert aus. Sie formulieren deshalb in Art.3 bzw. 2 fast gleichlautend die Norm „Jeder hat das Recht auf Leben". Diese Norm ist ein Grundrecht. Es wird dem Menschen nicht von der Gesellschaft zuerkannt, sondern er hat es, weil er ein Mensch ist. Die meisten Menschen fühlen sich in ihrem Gewissen verpflichtet die Normen der Gesellschaft zu beachten. Weil sich andere eigenmächtig über sie hinwegsetzen, erlässt der Staat Gesetze, mit denen er die Einhaltung der Normen einfordert. Ihre Nichtbeachtung belegt er mit Sanktionen und Strafen. In der Bundesrepublik Deutschland wird der Wert „Leben" bzw. die Grundnorm „Recht auf Leben" mit den Sozialgesetzen gefördert und mit den Strafgesetzen (§§ 211ff. StGB) verteidigt.

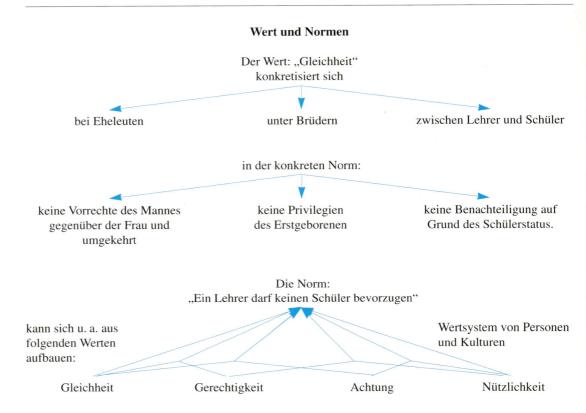

Wert und Normen

Der Wert: „Gleichheit"
konkretisiert sich

bei Eheleuten   unter Brüdern   zwischen Lehrer und Schüler

in der konkreten Norm:

keine Vorrechte des Mannes gegenüber der Frau und umgekehrt   keine Privilegien des Erstgeborenen   keine Benachteiligung auf Grund des Schülerstatus.

Die Norm:
„Ein Lehrer darf keinen Schüler bevorzugen"

kann sich u. a. aus folgenden Werten aufbauen:

Wertsystem von Personen und Kulturen

Gleichheit   Gerechtigkeit   Achtung   Nützlichkeit

Polizeibericht

Bei Rot über die Gleise

Mühlheim – Trotz rotem Blinklicht über den Bahnübergang: Dieser Leichtsinn hat dieses Jahr im Kreis schon zwei Menschenleben gefordert. Und trotzdem: Einige Autofahrer versuchen's wieder. In nur zwei Stunden hat die Polizei in der Mühlheimer Bahnhofstrasse drei Autofahrer ertappt, die trotz des roten Blinklichts die Gleise überquerten. „Man kann nur von Glück sagen, dass es zu keinem weiteren schweren Unfall gekommen ist", kommentiert die Polizei. Sie will künftig das Verhalten an Bahnübergängen verstärkt überwachen.

---

3. Zeige an Beispielen, dass Normen und Gesetze zum Wohl des Menschen da sind!
4. Prüfe deine Normtreue: Wie verhältst du dich vor einer Fußgängerampel, die rot anzeigt:
⇨ *Wenn weit und breit kein Auto zu sehen ist?*
⇨ *Wenn ein Kind auf der anderen Seite steht?*
⇨ *Wenn du es besonders eilig hast?*
Begründe deine Entscheidung!

▬ *5a. Beschreibe die Karikatur von Walter Hanel (auf S. 37).*
b. Wendet die Aussage der Karikatur auf eine konkrete Situation an!
c. Begründet und bewertet das Verhalten der dargestellten Personen.

■ Wertvorstellungen wandeln sich und verändern ihre Bedeutsamkeit. Manche werden verdrängt oder treten in den Hintergrund, andere werden in einer bestimmten gesellschaftlichen Situation neu entdeckt, z. B. der Wert „Toleranz" in unserer zunehmend multikulturellen und multireligiösen Gesellschaft oder der Wert „Gleichberechtigung von Mann und Frau" nach jahrhundertelanger Diskriminierung der Frau durch patriarchalische Gesellschaftsstrukturen. Entsprechend müssen Normen, die ja die Werte hervorheben und schützen sollen, immer wieder überprüft werden, ob sie wirklich dem Menschen und seiner Entfaltung dienen, ob sie das Zusammenleben der Menschen gerecht ordnen und friedvoll gestalten.

III. Sich orientieren

„Wie du mir, so ich dir!"

„Wissenschaftler haben festgestellt, dass ..."

Jeder soll nach seiner Façon selig werden!

Nach uns die Sintflut!

Wir leben in einer Demokratie was die Mehrheit macht kann nicht falsch sein.

Das muss jeder selber wissen!

Jeder ist sich selbst am nächsten!

Was du nicht willst, dass man dir tut, das füg auch keinem anderen zu!

„Tu das, was man dir sagt!"

„Was solls?"

„Gut ist, was mir nützt – Was bringts denn sonst?"

Ich will alles, was Groß macht, und zwar sofort

Mensch erkenne dich selbst!

Wenn einer mir nachfolgen will, so verlange er sich und nehme sein Kreuz auf sich

1a. Welche Orientierung wird in diesen Aussagen Menschen gegeben?
b. Wähle zwei Äußerungen aus und überlege die Folgen, wenn man so handelte.
■ *2. Brauche ich überhaupt Orientierungen für mein Leben?*

Menschen gestalten ihr Leben unterschiedlich; sie urteilen, werten und handeln nach bestimmten Vorstellungen, Bedürfnissen und Interessen. An den Wirkungen und Folgen ihres Tuns lässt sich erkennen, dass es nicht gleichgültig und beliebig ist, nach welchen Maßstäben sie ihr Leben gestalten. Damit Leben gelingen kann, braucht es Orientierung. Wir lernen aus den guten oder schlechten Erfahrungen, die wir selbst machen. Wir stützen uns aber auch auf das, was andere als nützlich und hilfreich erkannt haben. Eltern und Erzieher vermitteln uns die Werte, die sich in ihrem Leben bewährt haben und fordern sie durch entsprechende Normen und Vorschriften ein. Mit zunehmendem Alter werden wir befähigt und aufgerufen durch vernünftige Überlegungen verantwortlich zu prüfen, was uns trägt, und zu unterscheiden, welche Angebote der Orientierung von geringem Gewicht und welche unverzichtbar sind. Die eigene Erfahrung und das Vertrauen auf die Erfahrung der Erwachsenen, auf das Wissen der Generation vor uns, sind dabei eine Hilfe.

Survival – baggage

▷ *Packt die „Gepäckstücke des Überlebensrucksacks" aus. Prüft im Folgenden, was sie als Hilfen zur Orientierung taugen.*

1. Die Kardinaltugenden

Vier Tugenden sind Angelpunkte für ein vernünftiges gutes Leben: Klugheit, Gerechtigkeit, Tapferkeit sowie Zucht und Maß. Sie gehören zum überlieferten Erfahrungsschatz der Menschheit. Der Name Kardinaltugenden stammt vom lateinischen Wort „cardo", Angel. Wie Portale und Tore in vier Angeln ruhen, damit sie fest verankert sind und sich doch öffnen und schließen können, so tragen die vier Kardinaltugenden ein Leben in Verantwortung.

Klugheit

Zum weisen Philosophen Sokrates (gest. 399 v. Chr.) kam einer gelaufen und war voll Aufregung: „Höre Sokrates, das muss ich dir erzählen, wie dein Freund …" „Halt ein!", unterbrach ihn der Weise, „hast du das, was du mir sagen willst, durch die drei Siebe gesiebt?" „Drei Siebe?", fragte der andere voll Verwunderung. „Ja, guter Freund, drei Siebe! Lass sehen, ob das, was du mir zu sagen hast, durch die drei Siebe hindurchgeht. Das erste Sieb ist die Wahrheit. Hast du alles, was du mir erzählen willst, geprüft, ob es wahr ist?" „Nein, ich hörte es erzählen und …" „So, so! Aber sicher hast du es mit dem zweiten Sieb geprüft, es ist das Sieb der Güte. Ist das, was du mir erzählen willst – wenn es schon nicht als wahr erwiesen –, so doch wenigstens gut?" Zögernd sagte der andere: „Nein, das nicht, im Gegenteil…" „Hm", unterbrach ihn der Weise, „so lass uns auch das dritte Sieb noch anwenden und lass uns fragen, ob es notwendig ist, mir das zu erzählen, was dich so erregt!" „Notwendig nun gerade nicht …" „Also, lächelte der Weise, wenn das, was du mir erzählen willst, weder wahr noch gut noch notwendig ist, so lass es begraben sein und belaste dich und mich nicht damit!"

Gerechtigkeit

Ich war vor zwei Monaten in New York angekommen und lebte mit zwei Freunden, die wie ich aus Deutschland gekommen waren, in einem dunklen, schäbigen Zimmer. Mr. Murphy, ein fetter, jähzorniger Ire, hatte es uns vermietet. Wir hatten kein Geld und lebten von Gelegenheitsarbeiten. Murphy war ein Witwer mit fünf Kindern und Jimmy war der Jüngste … Als wir ungefähr drei Monate bei Mr. Murphy gewohnt hatten, wurde Jimmy krank, und von Anfang an sah es ziemlich hoffnungslos aus. Kurt, der früher ein berühmter Kinderarzt in Berlin gewesen war, ging zu Mr. Murphy. „Mr. Murphy", sagte er, „Sie wissen, dass ich Jimmy nicht behandeln darf, da ich das amerikanische Staatsexamen noch nicht abgelegt habe. In vier Monaten werde ich das Examen ablegen, aber darauf kann Jimmy nicht warten. Sie müssen sofort einen Arzt holen." „Könnten wir ihn nicht ins Krankenhaus bringen?", fragte Mr. Murphy. „Hier zu Hause können wir nicht für ihn sorgen. Ich muss zur Arbeit gehen – wegen der anderen Kinder." „Jimmy kann nicht fortgeschafft werden. Machen Sie sich wegen Jimmys Pflege keine Sorgen. Wir drei werden aufpassen. Nun zum Arzt!" Jimmy stöhnte in seinen Fieberträumen. Sein blondes Haar klebte an seiner schweißnassen Stirn. Der Arzt kam zweimal, ein dünner, alter Italiener mit einem Monokel und zittrigen Händen. Er kam morgens um zehn und noch einmal am Nachmittag. Gegen Mitternacht stieg das Fieber und der Atem begann dünn zu rasseln. Kurt schickte Mr. Murphy wieder zum Arzt, aber nach einer Weile kam Mr. Murphy allein zurück. „Er will nicht kommen", flüsterte er, Tränen hilfloser Wut in seinen Augen. „Ich habe seinen letzten Besuch noch nicht bezahlt." Die niedrige Stube war voller Menschen. Die Brüder und Schwestern Jimmys standen schlaftrunken und angstvoll in dem Schatten. Ein paar Nachbarn, eine dicke Italienerin, ein alter Jude mit silbrigem Bart, ein polnischer Priester standen bei der Tür, flüsterten, zählten Münzen, schüttelten die Köpfe. Mr. Murphy starrte auf das röchelnde Kind. Er drehte sich zu Kurt um und flüsterte wild: „Sie sind doch ein Arzt … Um Gottes willen … Lassen Sie das Kind nicht sterben!" Auf einmal sahen sie alle auf Kurt. Ich weiß, was in ihm vorging. In ein paar Monaten würde er das Examen machen und ein neues Dasein beginnen. Sollte er das gefährden, gegen die Gesetze des Landes verstoßen, das ihm Gastfreundschaft gewährt hatte? Sein Gesicht war blass. Auf der einen Seite war das Gesetz und eine leuchtende Zukunft, Frieden, Wohlstand... und auf der anderen schäbiger Undank gegenüber dem Land, das ihm eine neue Heimat bot, Bruch des Gesetzes und Vertrauens, und wenn man ihn erwischte, neue Heimatlosigkeit, neues Elend... und dazwischen ein leidendes Kind, schweißüberströmt,

DURCH SPIELEN WIRD MAN ZITHERSPIELER

DURCH BAUEN WIRD MAN BAUMEISTER

UND DURCH GERECHTES HANDELN WIRD MAN GERECHT.

ARISTOTELES, NIKOMACHISCHE ETHIK

geschüttelt von Fieber und Schmerzen! Kurt lächelte. Das Gesetz der Menschlichkeit kommt vor den Gesetzen der Menschen. Zehn Tage lang kämpfte Kurt um das Leben von Jimmy Murphy. Er schlief selten und in den zehn Tagen wurde Kurt dünn und hager. Aber nach zehn Tagen war die Krisis vorüber und das Kind gerettet. Nun beginnt die eigentliche Geschichte, um derentwillen ich das alles erzählt habe: An dem Tage, an dem Jimmy zum ersten Mal aufstehen durfte, kamen zwei Detektive und verhafteten Kurt. Der alte italienische Arzt hatte Anzeige erstattet. Es war an einem Mittwoch, als Kurt verhaftet wurde, und am gleichen Tage ging eine seltsame Bewegung durch unser Haus und unsere Straße. Die Russen, die Italiener, die Juden, die Iren und die Deutschen steckten ihre Köpfe zusammen und ihre grauen, alten Gesichter waren rot und zornig. Am nächsten Morgen ging kein Einziger unserer Straße zur Arbeit, sondern sie gingen zum City Court, dem Gericht der Stadt New York. Sie füllten den Gerichtssaal – es müssen ihrer über hundert gewesen sein –, und als Kurt aufgerufen wurde, drängten sich alle vor und der Richter blickte erstaunt von seinem Podium hinunter auf die merkwürdige, schweigende Menge von Männern, Frauen und Kindern. „Schuldig oder nicht schuldig?", fragte der Richter. Aber bevor Kurt den Mund öffnen konnte, riefen hundert Stimmen: „Nicht schuldig!" „Ruhe!", donnerte der Richter. „Ich werde den Saal räumen lassen, wenn ich noch einen Laut höre!" Er wandte sich wieder an Kurt. „Angeklagter, bekennen Sie sich schuldig …" Dann stockte er auf einmal und blickte auf die schweigenden Leute, die müden runzligen Gesichter, die gebeugten Rücken. „Was wollt Ihr denn?", fragte der Richter ganz zwanglos, und als mehrere auf einmal zu sprechen begannen, wies er auf Mr. Murphy, der direkt hinter Kurt stand. „Sie da …!" Nun begann Mr. Murphy zu sprechen und der Richter sagte gar nichts und sah von einem zum andern. „ … so sind wir hierher gekommen", endete Mr. Murphy. „Die Nachbarn, meine ich. Damit wir hier sind, um für unseren Doktor zu bürgen, wenn Sie ihn verurteilen. Wir haben gesammelt, falls er eine Geldstrafe bekommt für das, was er begangen hat: er hat nämlich einem Kinde das Leben gerettet! – Wir haben sechsund-

achtzig Dollar gesammelt." Der Richter erhob sich und lächelte. Es sah merkwürdig aus, wie dieser Mann im schwarzen Talar plötzlich lächelte und die paar Stufen von seinem Podium hinunterstieg, zu Kurt, und seine Hand ausstreckte. „Ich drücke Ihnen die Hand", sagte der Richter mit leiser Stimme. „Sie werden einmal einen guten Amerikaner abgeben." Dann ging er rasch auf sein Podium zurück und klopfte mit dem Hammer auf den Tisch. Alles erhob sich. „Sie haben gegen das Gesetz verstoßen", sagte der Richter, „um einem höheren Gesetz zu gehorchen. Ich spreche Sie frei."

Es ist eine wahre Geschichte. Der Name des Richters ist Perlmann und diese Gerichtsverhandlung fand statt im Zweiten City-Court der Stadt New York, am Donnerstag, dem 24. Januar 1935.

Tapferkeit

Nicky Cruz leitete in den 60er Jahren ein Heim für rauschgiftsüchtige Jugendliche in New York. Er erzählt von Sonny, einem Jungen, der völlig verzweifelt das Heim aufsucht.

„Die Entwöhnung vom Heroin ist eines der quälendsten Erlebnisse, die man sich nur vorstellen kann. Ich bereitete im 3. Stock unseres Hauses ein Zimmer für Sonny vor.

Am ersten Tag war er unruhig, ging unaufhörlich auf und ab und sprach ohne Pause. Am Abend begann er zu zittern. Dann saß ich die ganze Nacht bei ihm, während er von Schüttelfrost gepackt wurde, dass ihm die Zähne klapperten. Hin und wieder riss er sich von mir los und lief zur Tür, doch ich hatte sie verschlossen und er konnte nicht hinaus.

In der Dämmerung des zweiten Tages ließ das Zittern etwas nach und ich führte ihn hinunter, damit er ein wenig frühstückte. Dann schlug ich einen Spaziergang rund um den Block vor, aber er war kaum auf der Straße, als er sich krümmte und übergeben musste. Ich richtete ihn auf, doch er riss sich los und lief auf die Straße, wo er zusammenbrach. Ich zerrte ihn an den Gehsteig zurück und hielt seinen Kopf, bis der Anfall vorüber war und er wieder zu Kräften kam. Wir kehrten in sein Zimmer im 3. Stock zurück. Gegen Abend schrie er: „Nicky, ich schaffe es nicht! Ich schaffe es nicht!"

„Nein, Sonny, gemeinsam werden wir es schaffen.

Gott wird dir die Kraft geben, die du dazu brauchst." „Ich will keine Kraft! Ich will eine Spritze! Ich muss sie haben! Bitte, bitte, Nicky! Lass mich gehen! Um Gottes willen, lass mich gehen!"
Nein, Sonny, um Gottes willen lasse ich dich nicht gehen. Du bist für Gott sehr kostbar. Ich behalte dich hier, bis du wieder gesund bist!"
Er war in Schweiß gebadet und würgte immer wieder, dass ich fürchtete, er würde seinen Magen ausbrechen. Ich kühlte ihm die Stirn mit feuchten Tüchern und half, so gut ich konnte.
Am nächsten Tag konnte ich mich kaum noch auf den Beinen halten. Wieder versuchte ich ihm etwas zu essen zu geben, aber er konnte nichts bei sich behalten.
Abends fiel er in einen unruhigen Schlaf. Er stöhnte und wälzte sich hin und her. Zweimal fuhr er auf und versuchte die Tür zu erreichen. Beim zweiten Mal musste ich ihn gewaltsam wieder ins Bett schaffen.
Ich hatte seit 42 Stunden nicht mehr geschlafen und konnte kaum noch die Augen offen halten. Erschrocken fuhr ich hoch.
Ich sprang auf und lief auf die Tür zu, als ich ihn neben dem Fenster sah.
Ich starrte ihn an. Seine Augen waren klar und seine Zunge war nicht mehr unbeholfen.
Ich sah auf das schöne Bild, das sich uns bot, und flüsterte: „Ich danke dir, Gott! Ich danke dir!" Und neben mir flüsterte Sonny: „Ich danke d i r!"

Zucht und Maß

„Der eingesetzte Abt bedenke immer, welche Last er übernommen hat und wem er über seine Verwaltung Rechenschaft ablegen muss. Er soll wissen, dass er mehr zum Helfen als zum Befehlen da ist. Er sei nicht aufgeregt und überängstlich, nicht maßlos und eigensinnig, nicht eifersüchtig und nicht argwöhnisch, sonst kommt er ja nie zur Ruhe. Bei seinen Befehlen sei er umsichtig und überlegt; und mag der Auftrag, den er gibt, Göttliches oder Weltliches betreffen: Immer wisse er zu unterscheiden und Maß zu halten, eingedenk der weisen Mäßigung des heiligen Jakob, der sagte: Wenn ich meine Herden auf dem Marsch überanstrenge, gehen sie alle an einem einzigen Tag zugrunde. Er achte auf

diese und andere Schriftworte von der weisen Mäßigung, der Mutter der Tugenden, und ordne alles so maßvoll an, dass die Starken angezogen und die Schwachen nicht abgeschreckt werden."
Aus dem Kapitel 64 der Ordensregel des heiligen Benedikt (480-543)

„Mein Großvater war in seinen jungen Jahren ein starker Raucher. Eines Tages betrachtete er nachdenklich die brennende Zigarre in seiner Hand: ‚Wer von uns beiden ist nun eigentlich Herr, du oder ich?' Er legte die Zigarre neben sich auf das Bücherbord. Dort lag sie Jahr um Jahr. Die Frage war entschieden."

„Zucht also ist, als selbstlose Selbstbewahrung, die wahrende und wehrende Verwirklichung der inneren Ordnung des Menschen ... Wo immer Kräfte der Selbstbewahrung, Selbstbehauptung, Selbsterfüllung das innere Seinsgefüge des Menschen zerstören, da haben Zucht und Unzucht ihre Stelle.
Der naturhafte Drang zum sinnlichen Genuss, in der Lust an Speise und Trank und in der Geschlechtslust, ist das Echo und der Spiegel der stärksten na-

turhaften Bewahrungskräfte des Menschen. Diesen urtümlichsten Daseinskräften... entsprechen die Urformen des Genießens. Gerade weil aber diese Kräfte aufs Engste dem tiefsten menschlichen Seinsdrang zugeordnet sind, gerade deswegen übertreffen sie, wenn sie selbstisch entarten, alle übrigen Kräfte des Menschen an selbstzerstörerischer Wucht."
Josef Pieper, Philosoph

■ **Menschen, die aus guten und bösen Erfahrungen lernen wollen, sind klug und weise. Sie fallen nicht so oft auf die Nase. Intelligenz allein bewahrt vor Dummheit nicht.**
Gerechtes Handeln bedarf der Klugheit. Gerechtigkeit fordert nicht „allen das Gleiche", sondern „jedem das Seine" zu gewähren.
Der Tapfere ist weder tollkühn noch feige. Er setzt sich für das Gute ein. Er ist bereit Opfer zu bringen, Zeit und Kraft aufzuwenden und auf manchen Vorteil zu verzichten. Standhalten und, wenn es sein muss, auch Widerstand leisten sind wesentliche Merkmale von Tapferkeit.
An Zucht und Maß orientieren sich Menschen, die weder jedem Genuss nachjagen noch sauertöpfisch alles negativ sehen, die ihre Triebe weder nur ausleben noch sich selbst ständig kasteien, sondern ein Leben gemäß einer inneren Ordnung führen. Die Ordnung ist die Mitte zwischen einem Zuviel und einem Zuwenig in allen Lebensbereichen.

Speisung Obdachloser in einer Kirche

2. Die Werke der Barmherzigkeit

Das Wort „Barmherzigkeit" hat heute für viele einen Beigeschmack. Sie assoziieren damit, auf der untersten Stufe menschlicher Existenz angelangt zu sein: ohne Rechte sein, auf die „Gnade und Barmherzigkeit", auf die „Almosen" anderer angewiesen sein. Fast nur noch dieser Ton der Herablassung ist von dem einstmals großen Begriff übrig geblieben. In Wirklichkeit ist damit etwas sehr Aktives gemeint: das *solidarische Handeln in der Gesellschaft in der Nachfolge Jesu,* d. h. Mitleiden, Partnerschaft, Mitverantwortung, Hilfe.

In der kirchlichen Tradition wurde dieser Inhalt in den „sieben leiblichen Werken der Barmherzigkeit" konkretisiert:
⇨ *Hungrige speisen*
⇨ *Durstige tränken*
⇨ *Fremde beherbergen*
⇨ *Nackte bekleiden*
⇨ *Kranke besuchen*
⇨ *Gefangene erlösen*
⇨ *Tote begraben.*

Diese Werke waren auch im Judentum hoch geschätzt. Wer sie erfüllte, galt als ein Gerechter, denn er lebte nach der Ordnung der Natur und damit nach dem Willen Gottest. Deshalb gilt dieser Maßstab in der Rede Jesu vom Weltgericht (Mt 25,31-46) nicht nur für die Angehörigen des Volkes Israel oder für die Anhänger Jesu, sondern für alle Völker (V.32), d. h. für alle Menschen. Neu gegenüber dem Judentum ist die Aussage, dass man es bei den Werken tätiger Nächstenliebe nicht „nur" mit seinem nächsten Mitmenschen zu tun hat, sondern mit Jesus Christus, der sich mit dem Bedürftigen identifiziert. *Die Werke der Barmherzigkeit schuldet jeder Mensch seinem Mitmenschen.* Deshalb nennt der Herr im Gleichnis vom anvertrauten Geld jenen „einen schlechten und faulen Diener" (Mt 25,26), der sich nicht zur Hingabe an den Bedürftigen bewegen lässt, sondern seine „Talente" aus Angst vor Risiko vergräbt (vgl. S. 53).

3. Die Zehn Weisungen Gottes – der Dekalog

20 [1] Dann sprach Gott alle diese Worte: [2] Ich bin Jahwe, dein Gott, der dich aus Ägypten geführt hat, dem Sklavenhaus. [3] Du sollst neben mir keine anderen Götter haben. [4] Du sollst dir kein Gottesbild machen und keine Darstellung von irgendetwas am Himmel droben, auf der Erde unten oder im Wasser unter der Erde. [5] Du sollst dich nicht vor anderen Göttern niederwerfen und dich nicht verpflichten ihnen zu dienen. Denn ich, der Herr, dein Gott, bin ein eifersüchtiger Gott: Bei denen, die mir feind sind, verfolge ich die Schuld der Väter an den Söhnen, an der dritten und vierten Generation; [6] bei denen, die mich lieben und auf meine Gebote achten, erweise ich Tausenden meine Huld. [7] Du sollst den Namen des Herrn, deines Gottes, nicht missbrauchen; denn der Herr lässt den nicht ungestraft, der seinen Namen missbraucht.

[8] Gedenke des Sabbats: Halte ihn heilig! [9] Sechs Tage darfst du schaffen und jede Arbeit tun, [10] der siebte Tag ist ein Ruhetag, dem Herrn, deinem Gott, geweiht. An ihm darfst du keine Arbeit tun: du, dein Sohn und deine Tochter, dein Sklave und deine Sklavin, dein Vieh und der Fremde, der in deinen Stadtbereichen Wohnrecht hat. [11] Denn in sechs Tagen hat der Herr Himmel, Erde und Meer gemacht und alles, was dazugehört; am siebten Tag ruhte er. Darum hat der Herr den Sabbattag gesegnet und ihn für heilig erklärt.

[12] Ehre deinen Vater und deine Mutter, damit du lange lebst in dem Lande, das der Herr, dein Gott, dir gibt.

[13] Du sollst nicht morden.

[14] Du sollst nicht die Ehe brechen.

[15] Du sollst nicht stehlen.

[16] Du sollst nicht falsch gegen deinen Nächsten aussagen.

[17] Du sollst nicht nach dem Haus deines Nächsten verlangen. Du sollst nicht nach der Frau deines Nächsten verlangen, nach seinem Sklaven oder seiner Sklavin, seinem Rind oder seinem Esel oder nach irgend etwas, das deinem Nächsten gehört.

(Ex 20,1-17)

Zehn alternative An-Gebote einer neunten Klasse für ein gelingendes Leben

1. Du brauchst keine anderen Götter verehren oder dich von ihnen abhängig machen, weil ich, dein Gott, für dich sorgen will.

2. Du brauchst Gott nicht zu zwingen, dir zu helfen – weder durch törichte Beschwörungen noch durch scheinheiliges Gerede.

3. Du hast es nicht nötig, ohne Unterbrechung zu arbeiten. Gönn dir eine Pause und genieße sie.

4. Gott will alles menschliche Leben zu einem guten Ende führen. Überlege deshalb, wie du mit deinen alternden Eltern umgehen willst.

5. Lösche menschliches Leben nicht aus um deine Interessen durchzusetzen oder um bequemer zu leben. Glaub ja nicht, dass du mit der Schuld leicht fertig wirst.

6. Es lohnt sich, den Traum von lebenslanger Gemeinschaft und Treue versuchen zu leben. Gib ihn nicht zu schnell auf.

7. Du brauchst dich nicht unrechtmäßig bereichern. Dann musst du auch nicht ständig in Angst vor dem Entdecktwerden leben. Freu dich an dem, was du dir selbst erarbeitet hast.

8. Entwickle eine große Sensibilität im Umgang mit der Wahrheit. Unwahrheit hat ihre Gründe. Beseitige sie zuerst: Druck von außen, gestörte Beziehungen, Angst.

9. und 10. Zeige dich als vernunftorientiertes Wesen und liefere dich nicht deinen Trieben aus. Alles egoistische Haben-Wollen und rücksichtslose Sich-Nehmen lässt Opfer zurück.

Die Goldene Regel in der Bibel

„Was dir selbst verhasst ist, das mute auch einem anderen nicht zu"
(Tob 4,15)

„Alles, was ihr also von anderen erwartet, das tut auch ihnen!"
(Mt 7,12)

Eine 9. Klasse hat die 10 Gebote neu formuliert. Setzt euch damit auseinander! Inwieweit wird die Neuformulierung den 3000 Jahre alten Weisungen Gottes (Ex 20,1-17) gerecht?

Die sog. *Goldene Regel* war und ist auch außerhalb der Bibel bekannt. Der griechische Philosoph und Mathematiker Thales (um 600 v. Chr.) antwortete auf die Frage, wann man sein Leben am besten führe: „Wann wir selbst nicht tun, was wir anderen übel nehmen." Der chinesische Weise Konfuzius (um 500 v. Chr.) gab als Lebensmaxime aus: „Was du selbst nicht wünschst, das tue keinem anderen an." Muhammad (um 570–632) schärfte seinen Anhängern ein: „Wünsche den Menschen, was du dir selbst wünschst, so wirst du ein Muslim." Im Konferenzgebäude der Vereinten Nationen in New York befindet sich ein Wandmosaik, auf dem Menschen aller Lebensalter und Rassen zu sehen sind. Darauf steht in goldenen Buchstaben: „Do unto others as you would have them do unto you."

5. Das Hauptgebot der Christen: Gottes- und Nächstenliebe

13 [8]Bleibt niemand etwas schuldig; nur die Liebe schuldet ihr einander immer. Wer den andern liebt, hat das Gesetz erfüllt. [9]Denn die Gebote: Du sollst nicht die Ehe brechen, du sollst nicht töten, du sollst nicht stehlen, du sollst nicht begehren, und alle anderen Gebote sind in dem einen Satz zusammengefasst: Du sollst deinen Nächsten lieben wie dich selbst. [10]Die Liebe tut dem Nächsten nichts Böses. Also ist die Liebe die Erfüllung des Gesetzes.

(Röm 13,8-10)

4. Die Menschenrechte verpflichten alle

Aus der Allgemeinen Erklärung der Menschenrechte der Vereinten Nationen (1948):

ARTIKEL 1

Alle Menschen sind frei und gleich an Würde und Rechten geboren. Sie sind mit Vernunft und Gewissen begabt und sollen einander im Geiste der Brüderlichkeit begegnen.

ARTIKEL 2

Jeder Mensch hat Anspruch auf die in dieser Erklärung verkündeten Rechte und Freiheiten ohne irgendeine Unterscheidung, wie etwa nach Rasse, Farbe, Geschlecht, Sprache, Religion, politischer oder sonstiger Überzeugung, nationaler oder sozialer Herkunft, nach Eigentum, Geburt oder sonstigen Umständen.

ARTIKEL 3

Jeder Mensch hat das Recht auf Leben, Freiheit und Sicherheit der Person.

ARTIKEL 4

Niemand darf in Sklaverei oder Leibeigenschaft gehalten werden.

ARTIKEL 5

Niemand darf der Folter oder grausamer, unmenschlicher oder erniedrigender Behandlung oder Strafe unterworfen werden.

Menschenrechte – die Idee, ursprüngliche Rechte der Bürger gegen den absolutistischen Staat zu formulieren, kam im 18. Jahrhundert in der Zeit der Aufklärung auf. In der Amerikanischen und der Französischen Revolution wurden sie in die Verfassungen aufgenommen. Nach dem Zweiten Weltkrieg stellte man – insbesondere unter dem Eindruck der Verbrechen des Nationalsozialismus – eine allgemein anerkannte und alle Staaten verpflichtende Liste der Menschenrechte auf. Diese Liste wurde am 10. 12. 1948 von der Vollversammlung der Vereinten Nationen gebilligt und bekam so auf der ganzen Erde Geltung. Seitdem gilt für die meisten Staaten der Welt, dass jeder Mensch unantastbare Rechte besitzt, die ihm niemand verleiht und die der Staat achten und fördern muss.

Einmal fragte ein Gesetzeslehrer Jesus: Wer ist mein Nächster? Jesus antwortete mit dieser Geschichte:

[30]Ein Mann ging von Jerusalem nach Jericho hinab und wurde von Räubern überfallen. Sie plünderten ihn aus und schlugen ihn nieder; dann gingen sie weg und ließen ihn halbtot liegen. [31]Zufällig kam ein Priester denselben Weg herab; er sah ihn und ging weiter. [32]Auch ein Levit kam zu der Stelle; er

sah ihn und ging weiter. [33] Dann kam ein Mann aus Samarien, der auf der Reise war. Als er ihn sah, hatte er Mitleid, [34] ging zu ihm hin, goss Öl und Wein auf seine Wunden und verband ihn. Dann hob er ihn auf sein Reittier, brachte ihn zu einer Herberge und sorgte für ihn. [35] Am andern Morgen holte er zwei Denare hervor, gab sie dem Wirt und sagte: Sorge für ihn, und wenn du mehr für ihn brauchst, werde ich es dir bezahlen, wenn ich wiederkomme. [36] Was meinst du: Wer von diesen dreien hat sich als der Nächste dessen erwiesen, der von den Räubern überfallen wurde? [37] Der Gesetzeslehrer antwortete: Der, der barmherzig an ihm gehandelt hat. Da sagte Jesus zu ihm: Dann geh und handle genauso!

(Lk 10,25-37)

Schreib im Anschluß an das Foto S. 44 einen Bericht über Lk 10,25-37 für die BILD-Zeitung, „übersetze" das Geschehen in unsere Zeit.

◼ Prüfe dich und dein Verhalten

▷ *zu dir selbst*

Was mache ich aus dem, was in mir angelegt ist? Kann ich mich beherrschen oder werde ich von meinen Trieben beherrscht? Bin ich in Gefahr meine Freiheit aufs Spiel zu setzen dadurch, dass ich immer mehr abhängig werde von Personen und Sachen? Neige ich dazu, mich treiben zu lassen? Tue ich Gutes nur dann, wenn es mir Lob und Anerkennung einbringt?

▷ *zum anderen*

Sehe ich, was Menschen neben mir brauchen? Bin ich bereit selber zu geben, was ich von anderen erwarte? Bemühe ich mich Vorurteile zu erkennen und abzubauen? Vergifte ich das Zusammenleben dadurch, dass ich Gerüchte in Umlauf bringe? Sage ich Fehler anderer unnötigerweise weiter? Gönne ich dem anderen, was er hat? Wie gehe ich mit fremdem Eigentum um? Wie stehe ich zur Gewalt? Verletze ich in Worten? Bin ich bereit, den ersten Schritt der Versöhnung zu tun?

▷ *zu deiner Umwelt*

Bin ich mir der Verantwortung für meine Umwelt bewusst oder überlasse ich das anderen? Unterliege ich einem Konsumzwang? Habe ich schon versucht einfacher zu leben? Wie gehe ich mit Pflanzen und Tieren um? Sind sie mir nur Objekte? Engagiere ich mich für die Erhaltung der Schöpfung?

▷ *zu Gott*

Lebe ich so, als ob es Gott nicht gäbe? Setze ich „Götzen" an seine Stelle? Suche ich den Kontakt zu Gott im Gebet? Wie urteile ich über den Glauben anderer? Ist mein religiöses Leben mehr Pflicht als Gesinnung? Stehe ich hinter dem, was ich bekenne? Bemühe ich mich um meinen Glauben durch Gespräch und Information?

Überlege weitere Gesichtspunkte für eine Gewissenserforschung!

◼ Jeden Abend sollst du deinen Tag
Prüfen, ob er Gott gefallen mag,
Ob er freudig war in Tat und Treue,
Ob er mutlos lag in Angst und Reue;
Sollst die Namen deiner Lieben nennen,
Hass und Unrecht still vor dir bekennen,
Sollst dich alles Schlechten innig schämen,
Keinen Schatten mit ins Bette nehmen,
Alle Sorgen von der Seele tun,
Dass sie fern und friedlich möge ruhn.

Hermann Hesse

◼ In Konflikten beten!

SOLANGE ich lebe,
muss ich mich entscheiden,
muss Stellung nehmen,
muss ja oder nein sagen.
So hast du es gewollt, Schöpfer des Menschen,
dass ich mich entscheide für einen Beruf,
für einen Lebensgefährten,
für eine Partei
für dich.
Aber nicht nur an den breiten Kreuzungen des Lebens
muss ich wählen,

auch an den schmalen,
wo es „nur" um einen Film,
eine Zeitung,
einen Witz geht.

Hab Dank, Schöpfer des Lebens,
dass ich entscheiden,
dass ich die Lebensweichen mitstellen darf,
dass ich mehr bin als ein willenloses Zahnrad
im Räderwerk der Zeit.

Herr,
oft habe ich Angst vor Entscheidungen,
schiebe sie anderen zu;
versuche mich vorbeizudrücken,
gehe weder links noch rechts,
weder vor noch zurück.
Herr,
ich will mich für dich entscheiden –
in allen Fragen des Lebens,
jeden Tag –
ein ganzes Leben lang.
Komm mir zu Hilfe, dass ich das Rechte erkenne.'
Gib mir Mut, es zu wählen.

IV. Echt gut leben

1. Sich und andere bewusst wahrnehmen

Dieses Bild malte eine Gruppe in einer 9. Klasse des Gymnasiums Balingen.
Jeweils drei Schülerinnen oder Schüler hatten den Auftrag, gemeinsam ihren momentanen Gefühlszustand auf einer Bildfläche festzuhalten.
⇨ Versucht eine Beschreibung und Deutung.

1. *Probiert diese Übung in eurer Klasse aus. Am besten sind dafür Wasserfarben geeignet.*
2. *Nach der Fertigstellung werden die Bilder besprochen: Zunächst äußern diejenigen, die an dem gerade gezeigten Bild nicht gearbeitet haben, ihren Eindruck. Danach sagen die Maler selbst, was sie ausdrücken wollten und wie es ihnen bei der Zusammenarbeit ergangen ist.*

Fantasiereise zu meinen inneren Schätzen

Du sitzt ganz ruhig und bequem auf deinem Stuhl. Nichts engt dich ein, nichts stört dich. Du spürst den Boden unter deinen Füßen. Er gibt dir Halt, Stille hüllt dich ein. Dein Atem kommt und geht, gleichmäßig, wie von selbst. Dein Atem wärmt deine Arme, dein Atem wärmt deine Beine. Lass deine Gedanken kommen und gehen. Du siehst in der Ferne ein Haus. Du gehst auf dieses Haus zu. In seinem Innern erwartet dich etwas. Du stehst vor dem Eingang und gehst in das Haus hinein. Hier ist es warm und gemütlich. Du fühlst dich gleich wohl. Du stehst vor einer Zimmertür. Du öffnest die Tür und betrittst das Zimmer. Es ist hell in diesem Zimmer. So, als würden viele Kerzen brennen. In der Mitte des Zimmers steht eine prächtige Truhe. Sie ist geschlossen. Du gehst zu der Truhe und öffnest sie. Das fällt dir leicht. Du siehst viele Schätze, deine Fähigkeiten, deine Stärken, einfach alles, was du kannst. Du empfindest Stolz und Freude bei diesem Anblick. Du spürst, wie dich dieser Anblick stärkt, wie eine große Kraft durch deinen Körper fließt. Verweile einen Augenblick bei deinen Fähigkeiten und Stärken. Wirf einen letzten Blick auf deine inneren Schätze, dann verlass das Zimmer, das Haus und kehre ins Klassenzimmer zurück. Spüre deine Beine und Arme, spüre deinen gleichmäßigen Atem. Öffne deine Augen und blicke dich um. Nun bist du wieder ganz hier. Wenn du magst, kannst du dich recken, Arme und Beine ausschütteln. Atme einmal tief durch.

➯ *Zeichne eine Schatztruhe in dein Heft und schreibe deine Fähigkeiten und Stärken, die du während der Fantasiereise „gesehen" hast, in die Schatztruhe. Wenn du alles aufgeschrieben hast, kannst du die Truhe noch verzieren.*
➯ *Erzähle, wie es dir bei der „Reise" erging.*

2. Sich seiner Jugend freuen

Die Hitliste der 25 Gründe, warum es sich diese Woche zu leben lohnt. Sie ist zusammengestellt aus Statements, Kommentaren und Listen von jungen Leserinnen und Lesern der Süddeutschen Zeitung.

L E B E N S W E R T

1. innerlich schmelzen
2. Jungs in Hemden
3. dicke fette warme Handschuhe
4. eine Woche Skilager
5. dass jeder Tag ein bisschen länger ist
6. Vollbäder
7. schlafen bis es dunkel ist
8. ausgebeulte Dachrinnen
9. Freunde, die einem verzeihen, wenn man mal einen schlechten Tag hat
10. Sonnenblumenkerne
11. dass Ullis Augen schöner sind als die von Leonardo DiCaprio
12. Bahnhofsgefühle
13. noch nicht geklont worden zu sein
14. auf Briefe eine Antwort erhoffen, obwohl man sie gar nicht abgeschickt hat
15. Simultan-Tafelwischen
16. Leute in anderen Staaten anrufen, die dieselbe Telefonnummer haben
17. Green-Card-Lotterie
18. Uhren an der S-Bahn-Station
19. Mittagessen in der Umkleidekabine
20. Doppelausrufezeichen
21. die Saugnäpfe an den Zehen meines Froschs
22. Kaktusgarten
23. dass ich meine Bibliothek-Ausweis-Nummer endlich auswendig kann
24. unser Fahrstuhl
25. Sonnenbrille bei Regen tragen, um das schlechte Wetter nicht zu sehen

Disco – mal so richtig abdancen!

„Es tut richtig gut, zusammen zur Musik zu tanzen, sich mal richtig auszutoben. Nach dem Abdancen ist man total fertig, das lenkt ab vom Alltag und die Gemeinschaft ist auch toll. Außerdem macht's

Spass, Musik wirklich laut hören zu können, vielleicht auch mal was ganz anderes zu hören als zuhause. Die Discos bringen inzwischen ja die ganze Palette: Rock und Pop, Techno, Neue Deutsche Welle, Lolli Pop, also so richtige Tanzstundenlieder, oder was auch im Kommen ist: Schlager mit Dieter Thomas Kuhn. In der Disco kannst du jede Art von Musik haben, je nachdem, wo du an welchem Tag hingehst. Die Zeit der großen Techno-Partys ist wohl vorbei. Da kommt immer mehr Gewalt dazu. Oft hat jemand ein Springmesser dabei. Das kann echt gefährlich werden. Ein anderes großes Problem sind natürlich die Drogen – in fast allen Discos! Sie sind inzwischen aber schon irgendwie „normal", kein Thema mehr. Jeder weiß, wie gefährlich sie sind, aber viele nehmen trotzdem Drogen. Beim Musikhören dröhnt man sich voll, weil man sonst kaum durchhalten könnte, denn Drogen sind ja u. a. Aufputschmittel. Manche meinen, sie könnten mit Drogen noch besser abheben! Für uns kommen Drogen nicht in Frage, wir schaffens auch so, richtig abzudancen!"

Tanja und Christine

„Bücher haben mich schon sehr früh interessiert, ich besitze unheimlich viele. Das kommt natürlich auch etwas durch meine Eltern, die jeweils in einem anderen Buchklub sind. So habe ich schon von klein auf immer die Prospekte durchgesehen und ausgewählt, welche ich gerne haben möchte. Früher habe ich die Prospekte sehr genau durchgesehen, weil ich nicht so oft in die Stadt gekommen bin. Obwohl meine Eltern im Buchklub sind, liest mein Vater fast überhaupt nicht und meine Mutter liest auch nur leichte Unterhaltungsliteratur, da sie abends nicht mehr so viel aufnehmen kann. Das ist ja verständlich, weil das alles sehr stressig ist bei ihr mit der Arbeit. Aber für solche Literatur, wie sie meine Mutter liest, interessiere ich mich nicht. Angefangen habe ich natürlich mit Jugendliteratur, danach kam dann eine ganze Menge Fantasyliteratur, Bradley oder Michael Ende habe ich viel gelesen. Bei Bradley hat mich die Vorstellung fasziniert, wie das alles sein könnte, ich fand, das waren tolle Abenteuergeschichten. Oder bei der „Unendlichen Geschichte" habe ich ziemlich viele Parallelen zu mir selbst gefunden. Gerade weil ich vieles aus dem Buch von mir selber kannte, hat es mich so fasziniert. Dass der Held der Geschichte, ein kleiner Junge, von den anderen nicht akzeptiert wurde und zudem klein, dick und hässlich war, das passte irgendwie unheimlich gut. Ich konnte mich prima in ihn hineindenken, wie bei der Stelle, als er zu einem Helden wird, aber doch nur scheinbar und nachher wieder zurückkehrt und merkt, dass er nur er selber sein möchte und nicht jemand anderer. Das hat mich schon sehr beeindruckt. In dieser Art von Literatur konnte ich mich wieder finden. Zu der Zeit war ich so 14 oder 15 Jahre alt, war selbst unheimlich dick und leiden mochte mich auch keiner. Auch heute mögen mich die meisten noch nicht und von daher habe ich Literatur, Fantasy, halt jede Art von Geschichten schon so ziemlich verschlungen. Es war für mich eine Zeit, in der es mir so schlecht ging, dass ich mir oft überlegte: Was macht man denn jetzt bloß, wenn einen die anderen nicht mögen? Bücher waren für mich ein Ausweg. Sie bedeuteten für mich damals einfach: anders sein und Freunde haben – wenn auch nur in Büchern. In den Büchern hatten sie immer Freunde und erlebten tolle Abenteuer. Da niemand etwas mit mir unternehmen wollte, z. B. ins Freibad gehen, einen Stadtbummel machen oder ins Kino gehen, und ich es alleine – auch heute noch – nicht gerne mache, konnte ich mich mit Hilfe der Bücher in die Vorstellung versetzen, wie schön es wäre, mit anderen etwas zu erleben. Lesen ist aber nicht mein einziges Hobby. Kleine Aufsätze und Gedichte schreibe ich schon sehr lange. Natürlich habe ich nicht über Landschaften oder Liebe geschrieben, sondern was mir gerade so einfiel, z. B. wenn mich etwas geärgert hat oder was mich an Weihnachten so stört, das habe ich dann in Gedichtform umgesetzt oder es zumindest versucht. Das macht mir einfach Spaß, einen Gedanken so auszuformulieren. Meist feile ich nicht so sehr an den Formulierungen, sondern die Gedichte kommen meist ziemlich spontan. Ich schreibe auch unheimlich gern Satiren. Auch ein Buch habe ich schon zu schreiben versucht. Es klingt vielleicht ein bisschen albern, aber immerhin habe ich für meine Schwester schon eines gemacht. An diesem Buch habe ich ungefähr zwei Monate oder sogar länger geschrieben. Es sind weit über 100 Seiten geworden. Es war wohl das längste, was ich bisher geschrieben habe. Meine Schwester hatte sich eine Abenteuergeschichte gleich mit Themenvorgabe gewünscht. Es hat mir viel Spaß bereitet, meine Fantasie spielen zu lassen: was könnten die einzelnen Personen und Figuren denken und erleben. Außer dem engen Familien- und Verwandtenkreis weiß sonst niemand etwas von diesem Hobby. Das klingt ja auch ziemlich albern, wenn man erzählt, dass man Gedichte schreibt. Deshalb habe ich kaum darüber geredet. Nur wenn ich Gedichte besonders gelungen fand, habe ich sie an Verwandte weitergeschenkt oder meinen Eltern zum Geburtstag geschenkt."

Gesa, 17 J.

„Ich gebe im Monat ca. 200 DM aus für Klamotten, gehe aber jede Woche zum Einkaufen. Finanziert wird das Ganze von meinen Eltern, da ich Schüler bin. Ich achte immer auf Markenkleidung, da die Qualität dieser Produkte einfach besser ist. Auffallen möchte ich nicht mit dieser Kleidung, auch wenn viele der Meinung sind: ‚Kleider machen Leute!' Meine Kleidung wird nie abgetragen, was von meinen Eltern oft kritisiert wird." *Tobias, 17 J.*

Theateraufführung und Schulkonzert der SMV des Hesse-Gymnasiums Calw

■ *Auch das ist Freizeit Jugendlicher:* Sanitätsdienste (Rotes Kreuz, Malteser usw.), Freiwillige Feuerwehr, Katastrophenschutz, Naturschutz, Trainer oder anderer Funktionär im Sportverein, Funktionsträger in sonstigen Vereinen (Vorstand, Kassenwart, Schriftführer), Nachbarschaftshilfe, Seniorenarbeit, Kursleiter und Lehrer für kreative Hobbys (Töpfern, Malerei, Nähen, Musik usw.), ehrenamtliches Politik- und Parteiengagement, Mitgestaltung des kirchlichen Gemeindelebens, Mitarbeit in historischen Vereinen für lokale Geschichte, in Bürgerinitiativen, in Vereinen zum Schutz von Minderheiten (Ausländer, Asylbewerber usw.), in Kulturvereinen, in der SMV usw.

---

1. Was heißt in den Texten und Bildern: „freue dich", „Jugend genießen", „auskosten", dem „Herzen" folgen?
2. Stelle zusammen, was dich in dieser Woche bisher gefreut hat und auf was du dich freust.
3. Macht eine „Lebenswert-Hitliste" eurer Klasse.

■ Zum Leben gehört es, sich Wissen anzueignen, Formeln und Vokabeln zu lernen. Das Leben ist Arbeit und Anstrengung, aber es ist noch weit mehr: Zeit haben für seine Neigungen und Interessen, Zeit zum Hören und Lesen, zum Entdecken und Planen; Zeit zum Ausruhen und Genießen, zum Lachen und Weinen, zum Nachsinnen und Beten; Zeit verbringen mit anderen – das alles bereichert unser Leben.

Neugierig sein und etwas ausprobieren, das gibt dem Leben Impulse. Wer wach ist, lernt mitzudenken und mitzureden, erweitert seinen Horizont. Er schaut sich in der Welt um und entwickelt nach und nach eine Kultur des eigenen Lebens. Er betätigt sich in einem Verein oder in politischen und sozialen Einrichtungen. Er klopft nicht nur schöne Sprüche, sondern engagiert sich. Dabei entdeckt er seine eigenen Möglichkeiten und formt seine Persönlichkeit.

Es ist schön, jemanden zu haben, dem man alles erzählen kann und auf den man sich verlassen kann. Es ist schön zu wissen, dass man gebraucht wird. Es tut gut, mit Freunden oder Freundinnen zu spielen, zu tanzen oder Sport zu treiben. Dabei kann man den Alltag vergessen. Man spürt die Kraft seines Körpers, man darf seinen Gefühlen freien Lauf lassen, man kann sich in neuen Rollen erproben. Ganz wichtig sind Feste. Sie machen das Leben hell und warm und bringen Abwechslung und Freude.

Wer sein Leben einmal in Stille bedenkt, wird erkennen, wie viel davon eigentlich gar nicht selbstverständlich ist und wie viel nicht gemacht, gekauft oder erarbeitet werden kann, sondern geschenkt ist. Es könnte auch ganz anders sein! Deshalb muss man eigentlich dankbar sein für den Reichtum seines Lebens, für die Chancen, die sich bieten, für die Aufgaben, die der Tag stellt, für das Gute, das einem in der Natur oder durch andere begegnet. Das Meiste sind Kleinigkeiten, die wir oft nicht beachten, die aber das Leben erst schön machen: der Boden unter den Füßen, die Luft, die man atmet, das Licht, das man sieht, der Duft einer Rose, die aufgehende Sonne, das erfrischende Wasser, der langersehnte Brief, der geschenkte Apfel, ein humorvolles Wort, eine ehrliche Antwort, ein verschmitztes Lächeln.

■ Seinem innersten Wesen nach ist der Mensch ein Geschöpf, das nicht nur arbeitet und denkt, sondern das auch singt, tanzt, betet, Geschichten erzählt und feiert. Der Mensch ist *homo festivus*. Man beachte den universalen Charakter der Festlichkeit im Dasein der Menschen! Keine Kultur ist ohne sie. Afrikanische Pygmäen und australische Primitivvölker veranstalten Lustbarkeiten zu Ehren der Tag- und Nachtgleiche. Die Hindus feiern Holi. Die Moslems feiern nach der langen Fastenzeit das Ramadan. In manchen Gesellschaften kommt das Hauptfest im Herbst oder wenn der Mond eine bestimmte Position erreicht. Für andere bildet der Jahrestag eines bestimmten Ereignisses im Leben eines kulturellen oder religiösen Helden den Anlass zum Feiern. Wir werden später noch davon zu reden haben, dass es wichtige Unterschiede gibt zwischen den Kulturen, die kosmische oder jahreszeitliche Feste betonen, und denen, die den Nachdruck auf historische Feiertage legen. Aber sie alle schaffen Gelegenheit, alte Lieder zu singen, Helden zu verehren, neue und alte Sehnsüchte zu erneuern. Wo aus einer Kultur die Festlichkeit verschwindet, ist etwas allgemein Menschliches in Gefahr.

Der Mensch ist aber auch *homo phantasia*, der visionäre Träumer und Mythenbildner. Wie keine Kultur ohne eine Form der Feier lebt, so gibt es sicher keine, der es an wilden und unwahrscheinlichen Geschichten mangelt. Feen, Kobolde, Riesen und Elfen mit ihren Entsprechungen bevölkern die Vorstellungswelt aller Rassen. In den meisten Gesellschaften lassen sich Sagen eines goldenen Zeitalters in der Vergangenheit entdecken, in manchen auch Geschichten von einer wunderbaren Zeit, die noch kommen soll. Die Erforscher der prähistorischen Menschheit haben meist mehr über des Menschen Werkzeuge als über seine Märchen Auskunft gegeben. Möglicherweise hängt das mit unserem gegenwärtigen Interesse zusammen, das auf die Technologie versessen ist. Vielleicht ist der Grund dafür auch, dass Keulen und Messer immer zu finden sind, während die Mythen verschwinden. Immerhin waren beide schon früh da, denn es war ebenso sehr sein Hang zu träumen und zu fantasieren, wie es seine Erdbohrer und seine Äxte waren, die den Menschen zuerst vom Tier trennten.

Der Mensch ist homo festivus und homo phantasia. Kein anderes uns bekanntes Geschöpf verlebendigt die Sagen seiner Vorväter, bläst die Kerzen auf der Geburtstagstorte aus, macht sich fein oder gibt vor, jemand anderes zu sein. *Harvey Cox*

3. Möglichkeiten gibt's genug: Wie wär's einmal damit?

Erlebnisse in der Natur
⇨ „Erkundung einer Wiese" auf ganzheitliche Art und Weise. Für jeden Schüler wird ein Geviert (1 qm) Wiese abgesteckt. Aufgabe ist, alles zu erkunden, was es da gibt: was zu sehen, zu hören, zu schmecken … ist.
⇨ Entdeckungen an/unter/auf einem Baum machen.

Erlebnisse im Spiel
⇨ Bringt euer Lieblingsspiel mit und spielt es in der Klasse.

Erlebnisse in Musik, Literatur, Bildender Kunst
⇨ Veranstaltet ein „CD-Konzert" mit eurer Lieblingsmusik oder spielt auf eurem Instrument etwas vor.
⇨ Gestaltet eine „Dichterlesung": Texte, die mir etwas bedeuten.
⇨ Präsentiert eure Werke aus dem Kunstunterricht.

Erlebnisse in der Begegnung mit anderen Menschen
⇨ Übernehmt den Auftrag einen bisher fremden Menschen kennen zu lernen; anschließend sollt ihr von ihm erzählen.
⇨ Lehrerinnen und Lehrer, die ihr noch nicht kennt, zu einem Pausensnack und -talk einladen.

Leben aktiv gestalten, Kreativität entwickeln
⇨ Ein Fest (z. B. für die Eltern der Klasse) gestalten mit Ausstellungen (aus Schularbeit oder den Hobbys), mit unterhaltsamen Vorführungen und Bewirtung (evtl. als „Produkt" von Projekttagen).
⇨ Einen Text zu ausdrucksstarken Fotos schreiben.
⇨ Mit einem Zahnstocher ein Bild auf ein Dia kratzen (Glas vorher mit Plaka-Farben präparieren) oder mit Filzstiften auf Architekten-/Butterbrotpapier malen, das in ein glasloses Dia-Rähmchen eingespannt ist.
⇨ Neue Texte auf eine bekannte Melodie/ zu einem bekannten Lied schreiben.
⇨ In Kleingruppen Pantomimen oder ein Standbild gestalten, z. B. zu biblischen Geschichten.

Lieben lernen, Gefühle ausdrücken und zulassen
⇨ In Fotos von Gesichtern (vgl. S. 12) Gefühle/ Stimmungen erraten; von eigenen ähnlichen Erfahrungen erzählen.
⇨ Spüren, welche Nähe bzw. welche Distanz man möchte bzw. wie viel Vertrauen man entgegenbringt: Sich auf einen Hintermann fallen, sich blind führen lassen.
⇨ Dem Verschlossen-sein bzw. Sich-öffnen gegenüber einem anderen nachspüren, sich auf einen anderen einlassen: Zu zweit einander gegenüberstehen, die Handflächen/Fingerspitzen berühren sich fast; auf Musik sich synchron bewegen.
⇨ Ein kleines Buch „Liebe ist…" verfassen und ausschmücken.

Gute Laune musst du dir selber suchen
Der Tag fängt gut an. Man wird mit dem Wecker geweckt, der kein anderes Geräusch machen kann als das: Krieg – Krieg.
Oder wenn man mit dem Radiowecker geweckt wird, kommt gerade dann das Lied, das man nicht ausstehen kann, wenn man noch nicht richtig auf-

Nauigo REMIGIO fœlix VENTISQ; SECVNDIS ,
Sic bene perficiam,quod bene cœpit,iter.

stehen will. Dann fliegt man fast noch die Treppe herunter, weil man die Augen noch nicht richtig aufmachen kann. Kommt man dann heil vorm Bad an, muss man bemerken, dass es besetzt ist. Jetzt kommt es auch noch, dass man auf die Toilette muss und macht sich fast in die Hosen. In kurzer Zeit soll man dann an den Bus oder die Straßenbahn, weil diese nicht warten. Und dann erwartet der Magen auch noch ein gutes Frühstück. Das ist ganz normal, dass man solche Momente erlebt. Mehrmals kann man nicht sagen, weil es fast täglich passiert. Fängt ein Tag so an, findet man alles langweilig und doof. Viele Jugendliche, Berufstätige usw., die ständig vor sich hin muffeln, gehen damit der Umwelt auf den Keks. Sollten wir darüber nicht nachdenken? Vielleicht hilft es uns ein bisschen weiter?

Wer alles nicht mag, den mag auch niemand. Bittere Konsequenzen muss man dann erleben. Wie z. B., dass die Familie, Klassenkameraden und Freunde den „Nörgler" und „Meckerer" doof finden und ihn dann sitzen lassen.

Wir können alle positiv denken. Es gibt immer noch Lichtblicke. Diese sehen aber die „Negativlinge" nicht. Also muss dieser erst einmal lernen, dass es auch Positives gibt. Wenn man aufwacht, soll man anstatt "blöde Schule" denken, ich gehe in die Schule um zu lernen und dass ich später einen guten Ausbildungsplatz bekomme. Nicht alle Lehrer sind doof. Oft liegt es an uns. Reizen wir nicht unsere Lehrer mit dem ewigen Meckern und Nörgeln? Vielleicht hat dieser auch schon einen schlechten Tagesanfang gehabt. Und wenn wir andauernd mosern, lässt dieser es auch raus. Mach es dir und den andern leichter. Schreib dir auf 'nen Zettel: „Guten Morgen" liebe Christine, Stefan, oder wie ihr auch heißt. Na, gut geschlafen? Dieses wird ein super Tag und dann wünscht du dir noch alles Gute. Wenn du vor dem Spiegel stehst, sagst du dir ins Gesicht: „Mal sehen, was der Tag bringt." Hört sich doof an, ist es aber nicht! Den Beweis wirst du bald erleben, wenn du es intensiv machst.

Also, wie schon gesagt. Nicht mit dir selbst Streit suchen. Sei nett zu dir selbst. Steh früh genug auf, dass du dich fertig machen kannst, in aller Ruhe. Ist das Bad besetzt, sei ganz freundlich zu demjenigen, der gerade darin ist, er soll sich ein bisschen beeilen. Wetten, du bekommst keine patzige Antwort? Aber nur dann auch, wenn derjenige auch so gut drauf ist wie du. Dann, wenn man aus dem Bad kommt, freut man sich schon auf das Frühstück. Vor allem ist es wichtig, dass du die kleinen, positiven Dinge im Leben siehst. Das Lächeln der Mutter, ein freundliches Wort, und, und, und...

Sei zu jedem freundlich, auch wenn dieser nicht so freundlich aussieht. Der Busfahrer, Nachbar oder auch der Verkäufer werden dir ein freundliches Lachen zurücksenden.

Mach doch mal deinem Freund oder deiner Freundin ein Kompliment, die du so angeätzt hast: „Steht dir die Jacke gut!" Oder freue dich doch, wenn jemand 'ne gute Note schrieb. Die werden sich bestimmt wundern wegen deiner Freundlichkeit. Vielleicht bekommst du auch ein „Danke" gesagt.

Picke die kleinen Dinge heraus, die dir Freude machen, wenn dich das Leben anödet. Vielleicht hast du an dem Tag eine Stunde, die du nicht einmal so schlecht findest. Freue dich darauf. Nicht mit „Juhu", sondern innerlich.

Zu Hause legst du dir deine Lieblingsmusik auf oder liest ein Buch, wenn der Frust mal wieder losgeht. Das baut dich auf und dann siehst du die Welt wieder in Ordnung.   *Susanne, 16 J., Schülerin*

4. Muss jeder dasselbe leisten? – eine Parabel

25 [14] Es ist wie mit einem Mann, der auf Reisen ging: Er rief seine Diener und vertraute ihnen sein Vermögen an. [15] Dem einen gab er fünf Talente Silbergeld, einem anderen zwei, wieder einem anderen eines, jedem nach seinen Fähigkeiten. Dann reiste er ab. [16] Sofort begann der Diener, der fünf Talente erhalten hatte, mit ihnen zu wirtschaften, und er gewann noch fünf dazu. [17] Ebenso gewann der, der zwei erhalten hatte, noch zwei dazu. [18] Der aber, der das eine Talent erhalten hatte, ging und grub ein Loch in die Erde und versteckte das Geld seines Herrn. [19] Nach langer Zeit kehrte der Herr zurück, um von den Dienern Rechenschaft zu verlangen. [20] Da kam der, der die fünf Talente erhalten hatte, brachte fünf weitere und sagte: Herr, fünf Talente hast du mir gegeben: sieh her, ich habe noch fünf dazugewonnen. [21] Sein Herr sagte zu ihm: Sehr gut, du bist ein tüchtiger und treuer Diener. Du bist im Kleinen ein treuer Verwalter gewesen, ich will dir eine große Aufgabe übertragen. Komm, nimm teil an der Freude deines Herrn! [22] Dann kam der Diener, der zwei Talente erhalten hatte und sagte: Herr, du hast mir zwei Talente gegeben: sieh her, ich habe noch zwei dazugewonnen. [23] Sein Herr sagte zu ihm: Sehr gut, du bist ein tüchtiger und treuer Diener. Du bist im Kleinen ein treuer Verwalter gewesen, ich will dir eine große Aufgabe übertragen. Komm nimm teil an der Freude deines Herrn! [24] Zuletzt kam auch der Diener, der das eine Talent erhalten hatte, und sagte: Herr, ich wusste, dass du ein strenger Mann bist; du erntest, wo du nicht gesät hast, und sammelst, wo du nicht ausgestreut hast; [25] weil ich Angst hatte, habe ich dein Geld in der Erde versteckt. Hier hast du es wieder. [26] Sein Herr antwortete ihm: Du bist ein schlechter und fauler Diener! Du hast doch gewusst, dass ich ernte, wo ich nicht gesät habe, und sammle, wo ich nicht ausgestreut habe. [27] Hättest du mein Geld wenigstens auf die Bank gebracht, dann hätte ich es bei meiner Rückkehr mit Zinsen zurückerhalten. [28] Darum nehmt ihm das Talent weg und gebt es dem, der die zehn Talente hat! [29] Denn wer hat, dem wird gegeben, und er wird im Überfluss haben; wer aber nicht hat, dem wird auch noch weggenommen, was er hat. [30] Werft den nichtsnutzigen Diener hinaus in die äußerste Finsternis! Dort wird er heulen und mit den Zähnen knirschen.

(Mt 25,14-30)

---

1. Welche Empfindungen weckt die Parabel?

2. Unterhalte dich mit dem dritten Diener, etwa in der Art: „Warum hast du eigentlich dein Talent vergraben? ... Fühlst du dich ungerecht behandelt?..."

3. Diskutiert darüber, ob sich die Parabel Jesu auf die heutige Situation junger Menschen deines Alters übertragen lässt.

4. In der Parabel von den anvertrauten Talenten erscheint uns Gott als sehr streng, vielleicht sogar als ungerechter Richter. Auf diesen Text folgt beim Evangelisten Matthäus unmittelbar Jesu Rede vom Weltgericht „über alle Völker" (Mt 25,31-46). Überprüft, wie Menschen demnach mit ihren Talenten umgehen müssen, um im Gericht Gottes zu bestehen (vgl. S. 42).

Ein Theologe der Gegenwart legt den biblischen Text so aus:

Wir kommen auf die Welt und schlagen eines Tages die Augen auf und dann überschlagen wir die Chancen, die wir haben, im Leben voranzukommen, wir prüfen unsere Fähigkeiten, rechnen mit unseren Möglichkeiten und siehe da, gleich neben uns gibt es Menschen, die in irgendeinem Punkte besser dazustehen scheinen als wir selber. Sie sind schöner, klüger, reicher, besser, in irgendeiner Weise bevorzugt auf die Welt gekommen. Und das Schicksal ist ungerecht: Schon von den Startlöchern her scheint es die einen zu begünstigen und die anderen ins Hintertreffen zu setzen. Und die Frage ist nun: wie lässt sich damit leben? (...) In den Augen Jesu gibt es offenbar nur einen einzigen Weg, um aus der erbarmungslosen Rivalität der Angst und der Minderwertigkeitsgefühle herauszukommen, und er besteht darin, die ersten Sätze dieser Erzählung beim Wort zu nehmen: Statt dass ein jeder, ähnlich den Wölfen, in einem ständigen Rivalitätskampf am anderen Maß nehmen würde, sollten wir die Augen lieber auf Gott richten, dem wir uns verdanken und von

Talent – Das Talent war damals keine Münze, sondern die Bezeichnung für eine festgelegte Gewichts- oder Recheneinheit. Es entsprach 6000 griechischen Drachmen oder römischen Denaren. Ein Denar war der Tageslohn eines Arbeiters. Ein Talent war also ganz schön viel Geld.

dem wir alles, was wir sind, empfangen haben. Diese Blickrichtung allein könnte uns von den chronischen Minderwertigkeitsgefühlen, von den nicht endenden Neidkomplexen, von den unausweichlichen Frustrationen und von den permanenten Hassreaktionen einer rein immanenten Weltsicht befreien. Solange wir uns fragen, inwieweit wir besser oder schlechter sind als andere, werden wir immer jemanden treffen, der geringer ist als wir, um ihn zu verachten, und der besser ist als wir, um uns selber zu verachten. Aber wenn wir einmal denken könnten, es käme wesentlich in unserem Leben überhaupt nicht darauf an, wie wir in Bezug zu anderen abschneiden, die einzig wesentliche Frage unseres Lebens bestünde vielmehr darin, wie wir mit dem umgehen, was Gott uns gegeben hat, so könnte auf der Stelle Frieden in unser Herz einkehren. Denn Gott wird uns nicht danach fragen, warum wir nicht Mose oder Abraham oder Jeremia gewesen sind. Gott wird uns ganz nüchtern und einfach fragen, warum wir es unter Umständen versäumt haben, mit all unseren Fähigkeiten und Anlagen wir selber zu werden, – nicht mehr, nicht weniger.

Eugen Drewermann

5. Gestalte nach folgendem Vorschlag oder nach eigenem Entwurf dein persönliches Wappen, auf dem wie früher bei Adelsfamilien für dich Typisches dargestellt ist.

Typisches aus meiner Vergangenheit	Typisches aus meiner Gegenwart
Bilder, die etwas von meiner Zukunft ausdrücken	Bilder, die sonst noch für mich wichtig sind

Der „Planet mit den vier Toren" – Eine Fantasiereise

Ich möchte dich jetzt zu einer Reise ganz besonderer Art einladen, zu einer Fantasiereise. Entspanne dich. Atme ruhig. Nimm wahr, wie du sitzt/liegst … Stell dir nun vor, dass du Ferien hast. Es ist morgens und du gehst hinaus ins Freie. Du entscheidest dich zu einem Platz zu gehen, an dem du schon oft gespielt hast. Du machst dich auf den Weg dorthin… Als du ankommst, siehst du, dass der Ort, den du so gut kennst, leer ist. Niemand ist da außer dir. Plötzlich hörst du ein Zischen und riechst Rauch. „Was ist das?", denkst du und drehst dich um: Da steht eine Rakete, eine richtige Rakete, so hoch wie ein Haus. Du gehst um sie herum und siehst, dass die Tür offen steht. Ohne Angst steigst du ein. Die Tür schließt sich automatisch hinter dir. Du setzt dich ins Cockpit. Neben einem roten Hebel ist ein kleines Schild angebracht, auf dem steht „Aufwärts" und „Abwärts". Du bewegst den Hebel vorsichtig in Richtung „Aufwärts". Da beginnt die Rakete sich zu bewegen und ganz, ganz langsam zu fliegen. Du kannst durch das Fenster sehen, wie die Häuser kleiner werden, und bald ist die Erde nur noch so groß wie ein blauer Fußball … So fliegst du eine Weile durch das Weltall und bist begeistert. Du hast keine Angst. Du weißt, dass du jederzeit den Hebel auf „Abwärts" schalten kannst. In diesem Moment siehst du draußen einen Planeten. Du schaltest auf „Abwärts". Die Rakete wird langsamer, sie bewegt sich langsam nach unten. Sie beginnt zu landen. Die Tür öffnet sich von selbst und du steigst aus. Du schaust dich um auf diesem fernen Planeten … In einiger Entfernung bemerkst du vier große Tore. Langsam gehst du auf das erste zu. Du entdeckst an dem Tor ein Schild, auf dem geschrieben steht: „Wenn du durch mich hindurchgehst, bist du für zwei Minuten ein Tier". Auch jetzt hast du keine Angst. Im Gegenteil, du bist eher neugierig. Du entschließt dich, durch das Tor hindurchzugehen. Du gehst also hindurch und verwandelst dich in ein Tier. Nun stell dir vor, was du für ein Tier bist und was du tust. Stell es dir eine Zeit lang vor (*zwei Minuten*).

Nun gehst du wieder langsam durch das Tor zurück und bist wieder du selbst. Du hast dich zurückverwandelt. Langsam und gespannt gehst du auf das zweite Tor zu, auf dem zu lesen ist: „ Wenn du durch mich hindurchgehst, verwandelst du dich in einen Gegenstand." Und auch diesmal gehst du hindurch und verwandelst dich. Was bist du für ein Gegenstand? … Welche Farbe hast du? … Welche Form? … Aus welchem Material bestehst du? (*zwei Minuten*) Nach zwei Minuten gehst du wieder zurück und bist wieder du selbst … Schon siehst du das dritte Tor mit seinem Schild: „Ich verwandle dich in einen anderen Menschen." Du gehst hindurch und bist ein anderer Mensch, einer, der du schon immer mal sein wolltest. Wie siehst du aus?... Was hast du an? Und was tust du? (*zwei Minuten*) Du verwandelst dich wieder zurück und gehst auf das vierte Tor zu: „Ich erfülle dir einen Wunsch" steht auf dem Schild. Das ist die Chance, auf die du schon immer gewartet hast. Du gehst hindurch und ein Wunsch geht in Erfüllung. Was ist das für ein Wunsch? Stell dir vor, was passiert (*zwei Minuten*). Jetzt bist du wieder du selbst … Du gehst zurück zur Rakete, steigst durch die offene Tür ein und setzt dich wieder ins Cockpit. Du bewegst den Hebel in Richtung „Aufwärts". Die Rakete hebt ab und fliegt langsam wieder zurück. Manchmal glaubst du einen Stern wieder zu erkennen, den du auf der Hinreise auch schon gesehen hast … Bald siehst du die blaue Erde und wenig später die Häuser deines Heimatortes … Du schaltest auf „Abwärts". Die Rakete beginnt zu landen. Vorsichtig und behutsam sitzt sie auf. Du steigst aus. Die Tür schließt sich automatisch. Du entfernst dich voller Freude von der Rakete. Noch einmal drehst du dich um und bemerkst, dass die Rakete verschwunden ist. Lass dir noch einen Moment Zeit, dich von dieser Reise zu verabschieden … Recke und strecke dich jetzt. Atme tief ein, gähne, wenn du magst. Öffne jetzt wieder deine Augen und kehre von dieser Reise hierher zurück.

⇨ *Behalte die Stille noch eine Weile bei; schreibe auf oder zeichne jene Verwandlung, die dir am besten gefallen hat.*

Auch der längste Weg auf dieser Erde

beginnt mit dem ersten Schritt

Chinesisches Sprichwort

MARKT DER HEILSANGEBOTE

I. Was sich auf dem Markt der Heilsangebote so alles tummelt

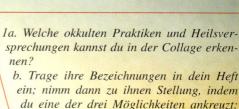

1a. Welche okkulten Praktiken und Heilsver-sprechungen kannst du in der Collage erken-nen?

b. Trage ihre Bezeichnungen in dein Heft ein; nimm dann zu ihnen Stellung, indem du eine der drei Möglichkeiten ankreuzt: funktioniert – könnte funktionieren – funktioniert bestimmt nicht.

2. Könntest du noch andere An-gebote dieser Art nennen? Vergleiche die Karikatur auf S. 57. Du kannst auch in Zeitungen, Zeit-schriften und speziellen Abteilungen der Buchhandlungen fündig werden.

Okkult – lat. „verborgen, versteckt, unsichtbar, geheim". Okkultismus ist ein Sammelbegriff für Lehren und Praktiken, die sich mit geheimnisvollen, oft auch angsterregenden Erscheinungen beschäftigen, welche über das normale Sinnesvermögen hinausgehen und mit den bekannten naturwissenschaftlichen Verfahren bisher nicht erfasst werden können. Man nennt sie auch „paranormal". Bei okkulten Phänomenen unterscheidet man zwischen außersinnlicher Wahrnehmung (ASW/PSI), Zukunftsdeutung, Spiritismus und Satanismus. Früher bezeichnete man solche Praktiken auch deshalb als okkult, weil sie im Verborgenen vollzogen werden mussten. Okkult bedeutete auch, daß das Wissen um die Praktiken geheim gehalten werden musste. „Okkult" werden auch geheimnisvolle Ahnungen und Gesichte, unerklärbare Heilungen oder das Rutengehen genannt.

an: zum Kauf, zum schnellen Erlernen und zur unverbindlichen Erprobung. Mit Kursen oder ein paar Wochenendseminaren soll man lernen können, die Welt wieder vom Zauber ihrer Innenseite her zu sehen, „gechannelte Botschaften" von seinem Engel zu empfangen bzw. sich von innen her

Die meisten Sekten beanspruchen für sich den einzigen Weg zur Wahrheit zu haben. Sekten gibt es auch im Bereich von Hinduismus, Buddhismus und Islam. Von den asiatischen Religionen leiten sich viele der sog. *Jugendreligionen* ab, wie die „Hare Krishna" oder die „Neo-Sannyas" des Bhagwan, der „Osho" („Meister") genannt wird.

Neu-religiöse Bewegungen und Psychokulte bilden sich in mehr oder weniger lockerer Form *im esoterischen Bereich* der Gegenwart. Sie sind typisch synkretistisch, d. h. sie vermischen beliebig christliche mit asiatischen und natur-religiösen Vorstellungen und Praktiken. Sie begründen dies damit, dass keine Religion die Wahrheit ganz besitzt, sondern in allen Wahres ist. Die Neu-Religiösen verstehen sich auf dem Weg zur Supra- oder All-Einheits-Religion. Leitbegriffe sind *„New Age"* sowie neuerdings *Transpersonale Psychologie* (vgl. S. 70).

Esoterisch – griech. „Weg nach innen", „innengerichtet". Als esoterisch bezeichnet man Lehren und Handlungen, die sich auf Übersinnlich-Übermenschliches beziehen oder auf kosmische Phänomene, die der Naturwissenschaft verborgen sind. Der Esoteriker beansprucht über eine „höhere" Erkenntnis („Gnosis") zu verfügen. Diese soll nur den besonders Sensiblen und den spirituell Entwickelteren zugänglich sein. Auch die altorientalische Mysterienreligionen und die Weisheitslehre der Gnosis (vgl. S. 75) nannte man esoterisch. Sie lehrten einen inneren, das Körperliche und die Welt abwertenden Weg der Selbsterlösung und weihten in ihn nur ihre Anhänger ein. *Die heutige Esoterik* (vgl. S. 70f.) dagegen bietet ihre Zugänge zur Innenseite des Lebens weitgehend auf dem Markt

zu heilen. Dazu brauche man keinen Glauben, das könne man erleben; man merke, ob einem diese Erfahrungen gut tut, ob man spirituell auf dem Weg der Selbsterkenntnis und Heilung vorankommt; man beginne positiv zu denken und zu leben und das strahle auf die Umgebung aus.

Sekte – die Herkunft des Wortes ist mehrdeutig: von lat. "secare", abschneiden, trennen, oder von lat. "secta", Richtung, Partei, was von „sequi", nachfolgen, abgeleitet ist. Als Sekten werden im christlichen Bereich Sondergruppen bezeichnet, die sich von der Kirche getrennt haben und in Lehre und Praxis einen Sonderweg gehen. Als *„klassische"* Sekten im christlichen Bereich gelten z. B. Neuapostolische, Zeugen Jehovas, Mormonen, Adventisten.

Neuoffenbarungsgruppen „wie z. B. „Fiat Lux" oder „Universelles Leben" – behaupten, Gott habe durch Jesus noch nicht die ganze Wahrheit offenbaren können, weil die Menschen damals geistig noch nicht so weit waren. Deshalb würden heute von Gott oder von höheren Geistwesen bestimmte Personen (sog. „Prophetinnen" und „Propheten") ausgewählt, in eine Art Trance versetzt, um direkt Heilsbotschaften zu übermitteln. Diese betreffen oft Wege, wie Krankheiten anders als schulmedizinisch geheilt werden können oder wie sich die Gruppe der Anhänger beim Untergang der Welt schützen kann. Da die Botschaften angeblich vom Himmel stammen, sind sie und die „Prophetinnen" bzw. „Propheten" nicht hinterfragbar.

Geister – sind im allgemeinen Sprachgebrauch übernatürliche Wesen, für den Menschen nicht zu fassen, ihnen aber an Macht überlegen. Ihr Charakter ist ambivalent: Sie sind hilfreich („Engel") oder schadenbringend („Dämonen"). In Märchen erscheinen Geister als Feen, Gespenster, Kobolde. Naturgeister bevölkern dort die Gewässer, Berge, Höhlen, Wegkreuzungen und Bäume. Bei Naturvölkern haben die Geister der toten Ahnen einen unheilvollen Einfluss, solange sie „nicht ruhen können". Nur wenn sie regelmäßig verehrt werden, schützen sie und können mittels Orakeln befragt werden. Die *Religionswissenschaft* ordnet Geister einem vorwissenschaftlichen Weltbild zu, in dem die Menschen noch alles als von Geistern bevölkert und verursacht ansahen.
Der Begriff Geister kommt auch in der *biblisch-christlichen Tradition* vor. Engel werden als „reine Geister" und Dämonen als „böse Geister" bezeichnet. Paulus spricht von „Mächten und Gewalten". Sie zu beschwören bringt nichts und ist Gläubigen nicht erlaubt. Gott hält die Geschichte in der Hand hält, ihm soll der Mensch vertrauen. (Dtn 18, 9-12a) – (vgl. S. 75).

II. Was bei okkulten Praktiken erlebt wird

1. Ein Einblick

● *Martina (17) erzählt:*
„Zuerst müssen alle einen ganz festen Glauben haben, sonst läuft nichts. Dann muss ein geweihter Gegenstand, z.B. eine Bibel oder ein Kreuz, dabei sein. Wir sitzen im Kreis und beten erst mal gemeinsam ein Vaterunser. In unserer Mitte liegt ein Brett, auf dem Buchstaben und Zahlen, auch einige Wörter wie „ja" und „nein" drauf sind. Auf dem Brett steht ein umgestülptes Glas und wir legen nun alle einen Finger ganz leicht auf das Glas. Jetzt können wir die Seele eines Verstorbenen anrufen – neulich war's mein Opa –, dem wir dann Fragen stellen und unsere Probleme sagen. Und plötzlich bewegt sich das Glas auf dem Brett von Buchstabe zu Buchstabe hin und her und bildet so richtige Antworten!
Wir bekommen da viele Ratschläge von den Verstorbenen, wie wir unsere Probleme lösen können. Ich wollte auch schon meinen Onkel rufen, der letztes Jahr gestorben ist, aber der antwortete nicht. Später erklärte uns der Geist von meinem Opa, dass er nicht kommen darf, weil er einmal als Schutzengel versagt hat und jetzt büßen muss.
Diese Sitzungen dauern oft bis zu sechs Stunden, aber die Zeit verfliegt dabei ganz schnell. Anfangs hatte ich furchtbare Angst mitzumachen und auch jetzt ist mir dabei immer ganz mulmig. Über die Zukunft zu fragen, das traue ich mich nicht, das will ich lieber gar nicht wissen!
Warum ich da mitmache? Na ja, bisher war das mit dem Glauben immer so eine unsichere Sache, aber jetzt habe ich wenigstens die Gewissheit, dass mit dem Tod nicht alles aus ist…"

● *Das „Erlebnis einer Bekehrung" zum New Age*
„Eines Nachmittags im Spätsommer saß ich am Meer und sah, wie die Wellen anrollten, und fühlte den Rhythmus meines Atems, als mir plötzlich meiner Umgebung als Teil eines gigantischen kosmischen Tanzes bewusst wurde. Als Physiker wusste ich, dass der Sand und die Felsen, das Wasser und die Luft um mich her sich aus vibrierenden Molekülen und Atomen zusammensetzen... Als ich an diesem Strand saß, gewannen meine früheren Experimente Leben. Ich ‚sah' förmlich, wie aus dem Weltraum Energie in Kaskaden herabkam und ihre Teilchen rhythmisch erzeugt und zerstört wurden. Ich ‚sah' die Atome der Elemente und die meines Körpers als Teil dieses kosmischen Energie-Tanzes; ich fühlte seinen Rhythmus und ‚hörte' seinen Klang und in diesem Augenblick wusste ich, dass dies der Tanz Schiwas war, des Gottes der Tänzer, den die Hindus verehren."   *Fritjof Capra*

● *Kreative Trance, Anmeldung erbeten, Decke mitbringen, 20 Mark.*
„Wir machen diesmal das Om, macht einfach mit", sagt der Trance-Leiter sanft, „beim erstem Mal dauert es wahrscheinlich länger, bis du's spürst."
Doch vorher ist gegenseitiges Massieren dran. „Vor allem der Haaransatz ist ganz, ganz wichtig, ehrlich."
Dann: Kreis bilden. Hände fassen. Energie fließen lassen. Augen zu, weißes, heilendes, kosmisches Licht, ausatmen. „Vor allem das Ausatmen ist ganz, ganz wichtig, ehrlich." Hände lösen: „Und jetzt machen wir das Om."
Er meint damit eine Schaukelbewegung des Oberkörpers nach rechts und links unten, während man jeweils unten auf Om ausatmet und oben kurz Luft holt. 15 Minuten lang. Ein wenig schwindelig macht das schon. Die Nachbarin links bricht in Tränen aus: Das ist kreativ. „Lass es raus!", ruft der Trance-Leiter. Sie nickt und schluckt.
Neue Bewegung, neue Silbe. Statt Om ein Wort, das an lalülala erinnert. Om und lalülala sind Mantras, heilige Wörter. Und weil es unterschiedliche Wörter sind, machen sie unterschiedlich kreativ in der Trance. Diesmal trifft es nicht die Tränendrüse, sondern den Verdauungstrakt: Eine Frau furzt den Räucherstäbchendunst in Grund und Boden. „Was habt ihr erlebt?", fragt der sanfte Tranceleiter anschließend. War's schön? Ja, doch. Eine Frau erzählt, sie habe rechts (bei lalü) einen Elefanten gesehen und

links (bei lala) eine Oase. „Du", sagt der Leiter, „das sind beides weibliche Symbole." – „Ja". „Du", antwortet die Frau, „das ist mir auch aufgefallen." Die Runde lächelt verschwörerisch. „Wir kennen uns alle", erklärt er, weil ich nicht lächle. „Wir waren beim letzten Vollmond zusammen in der Schwitzhütte." Ein indianischer Brauch, eine Art selbstgebastelte Sauna aus Zweigen und Decken. „Das reinigt, ehrlich."… *Aus: Brigitte*

● *Die Zahl des Tieres*
Vorspruch: „*Dazu braucht man Weisheit. Wer Verstand hat, der kann herausfinden, was die Zahl des Tieres bedeutet, denn sie steht für den Namen eines Menschen. Es ist die Zahl sechshundertsechsundsechzig*" (Off 13,18).
Wieder allein … im Kopf noch alles leer … ich brauche Zeit, die Erinnerungen zusammenzukriegen.
Was ich sah – war diese Nacht Wirklichkeit und nicht nur alles Einbildung?
Was ich sah – kam es aus meinen uralten Träumen: Immer schon dachte ich, dass ich irgendwie „schizo" bin und mein anderes Ego mich anstarrt,
Denn in meinen Träumen ist immer diese Fratze, die mir den Kopf spaltet und mich zur Verzweiflung treibt.
Also: Die Nacht pechschwarz … irgend etwas beobachtet mich, das spürte ich; im Nebel schwarze Gestalten, die wirbelten herum. War das jetzt echt oder sowas wie die Hölle?
666 die Zahl des Tieres.
Hölle und Feuer ausgegossen. Wehe, wenn sie losgelassen! Fackeln loderten… heilige Gesänge und Gebete… dann schrien sie los… die Hände zum Himmel gereckt. Die Feuer flammten hell auf in der Nacht. Der Satansdienst fing an, sein Werk war vollendet.
666 die Zahl des Tieres.
Die Opferung geht weiter heute nacht.
Nein, dachte ich, das darf nicht sein! Ich muss zur Polizei.
Ist das noch wahr oder ein verrückter Traum?
Aber ich spürte, wie mich die Horden des Bösen zu sich zogen, sie durchbohrten mich mit kalten Blicken.

666 die Zahl des Tieres.
666 der Eine für dich und mich.
Du entgehst mir nicht. Ich werde dich besitzen und entflammen!
Ich hab' das Feuer und die Macht.
Ich hab' die Kraft und mein Böses nimmt seinen Lauf. *Song von Iron Maiden*

---

1. Was erleben die Teilnehmer nach ihren Aussagen bei okkulten Praktiken? Was suchen sie?
2a. Welche Symbole spielen eine Rolle?
□ b. Woher stammen diese, welche Bedeutung haben sie ursprünglich? Vgl. S. 60, 75-77 und S. 145f.
c. Wozu werden sie bei den geschilderten Praktiken eingesetzt?
□ 3. Wie ist dein Gefühl beim Lesen solcher Berichte? Bist du eher beängstigt oder eher neugierig, eher belustigt oder eher bewundernd? Was könnten die Gründe für die eine oder die andere Tendenz bei dir sein?

Mit welchen Praktiken haben Jugendliche Erfahrungen?

Okkulte Praktiken (Psychische Automatismen)
⇨ Glasrücken bzw. Automatisches Buchstabieren ⇨ Automatisches Schreiben ohne oder mit „Tischchen" ⇨ Tischerücken ⇨ Pendeln über dem Alphabet ⇨ (Wünschel-)Rutengehen ⇨ Pendeln über Gegenständen ⇨ Kristallsehen

Nicht anerkannte Deute- und Beratungspraktiken
⇨ Horoskopdeutung ⇨ Handlesen ⇨ Tarotkarten legen ⇨ I Ging und andere Orakelpraktiken

Magische Praktiken (z.B. 6. und 7. Buch Moses), Spiritismus
⇨ Teilnahme an spiritistischen Sitzungen ⇨ Tonbandeinspielungen (Stimmen Verstorbener) ⇨ Satanskulte / Schwarze Messen ⇨ Hören von Popgruppen mit okkultem/satanischem Hintergrund

Aus einer Umfrage der Universität Freiburg

Spiritismus – Spiritisten gehen davon aus, dass etwas Geistig-Seelisches den Tod des Körpers überlebt, was sie Geist bzw. Geister nennen. Von diesen sagen sie, dass sie sich den Irdischen mitteilen können bzw. dass die Lebenden zu ihnen Kontakt aufnehmen können. Spiritisten erklären außergewöhnlicher Ereignisse mit dem Wirken von Geistern. Interessant ist nun, dass der Spiritismus gerade Ende des 18. bzw. im 19. Jahrhundert erstarkte. Damals meinte man alles rational und naturwissenschaftlich erklären zu können. Viele lehnten ein Leben nach dem Tod ab und bezeichneten sich als Atheisten. Dagegen machten die Spiritisten gewissermaßen „experimentell" Front. Sie luden die Zweifler in ihre Sitzungen ein, damit diese sehen und hören können, dass die „spirits" sich melden und folglich auch die Verstorbenen weiterleben. Deren Mitteilungen sollten die Lebenden zu einer sittlichen Lebensführung wachrütteln. Im Laufe der Zeit entstanden spiritistische Zirkel. Sie nannten sich sogar Gemeinden und trafen sich regelmäßig zu Sitzungen. Ob die spiritistischen Praktiken heutiger Jugendlicher und Erwachsener Westeuropas damit etwas zu tun haben, ist unklar.

666 – findet sich in Offb 13,16f., dem letzten Buch des NT, das in den Jahren 94-95 n. Chr. entstand. In dieser Zeit wurden die Christen verfolgt, weil sie dem römischen Kaiser (Domitian, 81-96) die göttliche Verehrung verweigerten. Wer dem Kaiser opferte, anerkannte ihn als seinen „Herrn und Gott" und trug damit symbolisch das „Siegel auf der Stirn", dass er dem Kaiser gehört. Das konnten Christen nicht mitmachen. Nach Offb 13,16f. ist 666 die Zahl oder der Zahlenwert des Namens jenes „Tieres", das die Christen mit Zwang und materiellen Verlockungen zum Abfall vom Glauben bringen will.

Obwohl man weiß, dass biblische Zahlenangaben meist eine ausschließlich symbolische Bedeutung haben, wollten die Ausleger gerade bei der Zahl 666 herausfinden, ob damit Satan (vgl. S. 76f.) gemeint sein könnte oder wer sonst. Im Hebräischen hat nämlich jeder Buchstabe des Alphabets auch einen Zahlenwert, d. h. für Zahlen schreibt man im Hebräischen Buchstaben. Die Zahl 666 kann unterschiedlich gedeutet werden. Viele Fachleute sehen in der Quersumme von 666 den Namen „Kaiser Nero", Domitian hielt man nämlich für den wiederkehrenden Nero.

2. Die Motive der Jugendlichen

„Wir waren so 'ne Clique von Technikfreaks. Dann 'ham wer' Scheiß gebaut. Und da kam's uns wie'n Horrortrip: Was ist, wenn so'n Politiker mal ausrastet und per Knopfdruck den großen Crash macht oder wenn so'n Wissenschaftler 'nen Anfall von Allmacht kriegt? Gibt's da keine Sicherung? Ich bin dann ausgestiegen und hab dann für mich mit Gläserrücken angefangen. Seitdem glaube ich an die Geister. Die sind um uns 'rum und steuern uns. Nix ist Zufall. Alles ist bestimmt, Schicksal und die Geister wissen es. Manchmal krieg ich 'ne Gänsehaut und habe ich schaurige Träume. Was solls, das Leben ist sowieso nur ein öder Film, da zappe ich mich einfach mal kurz raus." *Philipp, 17 J.*

„Meine Eltern und unser Pfarrer haben mir nie klare Antworten auf meine Fragen gegeben, ob es Engel und Satan gibt oder wie es in der Hölle aussieht. Entweder sollte ich die Bibel lesen oder sie erzählten so ein ‚Wischiwaschi' oder sie sagten bloß, das müsse man halt glauben. Mir scheint, die Alten glauben selbst nicht richtig dran. Die haben nur was auswendig gelernt und das sollen wir ihnen abkaufen. Aber so dumm bin ich nicht mehr, ich will's genau wissen. Jetzt hole ich mir meine Antworten bei Vollmond mit den Karten oder mit dem Tischchen und die sind glasklar. Vielleicht erfahre ich ja, dass Oma wirklich im Himmel ist." *Mirjam, 14 J.*

„BRAVO und RTL hatten darüber berichtet. Danach erzählten meine Klassenkameraden von einer Geburtstagsfete, wo sie Pendeln gemacht haben. Das war total spannend, was die da rausbekommen haben. Aber ich konnte nicht mitreden. Seit einiger Zeit darf ich mitmachen. Wir wechseln ständig unsere Praktiken. Ich find's geil, das alles kennen zu lernen. Immer nur – wie meine Eltern – wegen Karriere und Kohle vernünftig sein und lernen, ist langweilig. Okkultismus ist Leben! Was da passiert, hast du einfach nicht mehr im Griff! Einmal ist mir sogar Satan erschienen. Da habe ich mich ganz stark gefühlt. Andere, die schon länger dabei sind, sagen,

dass ihnen durch Satan alles scheißegal ist, was die Alten so labern. Vielleicht können wir Satan auch mal auf unsere Pauker hetzen?" *Georg, 17 J.*

„Also ich habe große Angst vor dem Tod. Ich kann mir nicht vorstellen, was danach kommt. Ich denke, das muss ja schrecklich sein, wenn ich irgendwo liege, und es ist überhaupt nichts mehr und ich kann nichts mehr machen. Ein zweites Leben auf der Erde, Wiedergeburt, mit oder ohne Körper, vielleicht als Ameise – das ist nichts für mich. Ich fände es toll meinen Ururgroßvater kennen zu lernen; ich würde mit ihm reden und der wüsste alles über mich. Aber wenn ich mir vorstelle, ich bin tot und mich fragt einer nach der Telefonnummer von irgend jemand – das finde ich Schwachsinn. Genau so blöde finde ich die Sache mit Außerirdischen, UFOS und solchem Zeug." *Susanne, 15 J.*

„Seitdem ich meinen Engel kenne, habe ich keine Angst mehr. Ich weiß, dass da oben einer auf mich aufpasst. Mir kann nichts passieren, wenn ich mich an das halte, was er mir über mein Schicksal sagt. Wichtige Entscheidungen bespreche ich vorher mit ihm. Wenn mich sonst keiner versteht, mein Engel versteht mich immer. Anfangs dachte ich, Pendeln sei nichts Gutes, denn man muss es ja im Halbdunkel machen und auch die Bibel muss aus dem Raum raus, sonst geht es nicht. Ich hoffe nur, dass sich nie ein böser Geist einschmuggelt." *Barbara, 15 J.*

„Wir fallen wegen unseres Outfits auf. Also wir tragen immer nur schwarze Klamotten. Wir nehmen auf Friedhöfen oder in Höhlen direkt Kontakt zu den Toten auf, zu den Geistern oder ‚NATAS'. Die anderen sind geschockt, wenn wir davon erzählen. Die haben Angst, denn man sagt ja immer, man kann seine Seele verlieren, wenn man so was macht. Sie gehn uns schon aus dem Weg. Mir macht das nichts aus. Ich will nicht brav sein. Ich will ich sein. Ich trage ein Monster in mir, das schreien und toben will. Ich stehe zu ‚NATAS'. Was ihr denkt, ist mir scheißegal. Ich will, dass ihr euch fürchtet." *Johannes, 15 J.*

◼ Ich schreie
Ich schreie
Ich will schreien
Ich schreie
Doch niemand hört mich
Keiner hört und sieht
Meine Seele weinen
Alle achten nur auf mein Äußeres
Und das scheint für viele erschreckend zu
Sein
Hässlich – provozierend
Schaut doch in mich hinein
Noch findet ihr vielleicht etwas Gutes
Doch bald
Sehr bald
Könnte sich meine Seele in etwas
Böses verwandeln
Denn so halt ich es nicht mehr aus
Bald suche ich „Seine" Hilfe
Und dann werde ich meine
Feinde vernichten
Und dann – mich selbst

Ein Mädchen, 16 J.

---

1. Suche in den Äußerungen der Jugendlichen die Gründe heraus,
a. weshalb jemand erstmals oder ab und zu Kontakt mit okkulten Praktiken bekommt,
b. die jemand veranlassen, immer wieder okkulte Praktiken anzuwenden.
2. Auf welche Defizite in ihrer Lebenswelt weisen die Jugendlichen hin?
3. Diskutiert darüber, wie man sich in der Schule und im Freundeskreis verhalten soll, wenn eine oder einer von okkulten Praktiken erzählt.

◼ Zwei gegensätzliche Beurteilungen okkulter Praktiken

Ein Psychologe erklärt:
Verborgenes ergründen, erfahren wollen, was in einem steckt, wissen wollen, was die Zukunft bringt und wer die Welt regiert – solche Ziele entsprechen natürlichen Bedürfnissen des Menschen. Mit Neugier beginnen auch die meisten Okkultisten. Wer versucht so den Geheimnissen des Lebens auf die Spur zu kommen, dem können sich lichte Empfindungen einstellen; er kann aber auch von dunklen Erlebnissen erschreckt werden; er kann in panische Angst geraten und Verfolgungszustände bekommen, die psychotherapeutisch und seelsorgerlich behandelt werden müssen. Weil man das nicht in der Hand hat, kann unkontrolliertes Herumexperimentieren zu einem sehr gefährlichen Spiel werden, insbesondere wenn man in einer persönlichen Krise ist. Wenn man wichtige Entscheidungen von okkult gewonnenen Antworten abhängig macht, riskiert man, dass die Alltagswahrnehmung getrübt wird und die Selbstbestimmung verloren geht.
Bei satanischen Praktiken macht vielleicht das den prickelnden Reiz aus, dass man einem Geheimzirkel angehört und sich dem verschrieben hat, was gegen Anstand, Recht und Gesetz ist. Aber der „Satanist" muss sich schon fragen lassen: Stammen die dunklen, von Hass erfüllten Erfahrungen bei solchen Kulten tatsächlich von Satan? Oder wird da etwas hineingedeutet? Beweist einer, der seine eigenen Abgründe Satan in die Schuhe schiebt, Mut und Stärke? Oder flieht er mit einer solchen Erklärung vor der Realität des Bösen in sich und in der Welt? Kann für einen, der alle und alles hasst, der an Gewalt Lust findet, der sich am Töten und Zerstören freut, das Leben noch lebenswert sein? Kann man eigentlich Hass und Verzweiflung feiern?

Eine 20-jährige Hamburger Studentin:
„Schwarze Messen sind für mich nur eine neue Art von Parties. Selbst in der Beamtenstadt Brüssel gibt es eine typische Szenebar. Man sitzt auf Särgen und benutzt Totenschädel als Aschenbecher. Wer will, kann sich in einem Winkel von einer Hexe die Karten legen lassen. An anderen Tischen lässt eine Gruppe das Oui-Ja-Board kreisen wie in einer Spielbank die Roulettekugel. Die Bar wird größtenteils von einem gutsituierten Publikum besucht, das aus dem industriellen und politischen Management kommt. Jeder weiß, dass alles ganz harmlos ist, eine Spielerei, ein Gag zur Unterhaltung. Keiner glaubt daran, kein anderer kommt zu Schaden. Also, was soll's! Okkult ist derzeit Kult. Wenn Jugendliche sich als Grufties kleiden oder eine Satansmesse feiern, dann ist das nur eine andere Art Aufsehen zu erregen wie vor Jahren die Hippies oder die Punker."

Schicksal – ist die allgemeine Bezeichnung für alles Unabwendbare im Leben, das ohne eigenes Zutun eintritt und das Leben maßgeblich bestimmt. Von Schicksal sprechen wir auch bei Unerklärlichem, wenn wir die Zusammenhänge zwischen Ereignissen, zwischen Ursache und Wirkung, nicht durchschauen. Menschen verstehen und bewerten Schicksal unterschiedlich: als Folge einer irgendwie verfügten Ordnung, als pure Notwendigkeit der Naturgesetze, als blinden Zufall, als etwas, wofür uns (noch) die wissenschaftliche Erklärung fehlt. Wer von Fügung spricht, macht ein höheres Wesen verantwortlich.
In den Religionen der griechisch-römischen Antike teilten die drei „guten" Gottheiten, die Moiren (lat. Parzen), den Menschen ihr jeweiliges Schicksal („ihren Lebensfaden") zu. Aber dieses konnte immer noch von der Schicksalsgöttin Tyche (lat. Fortuna), die unvorhersehbar und launisch Glück und Unglück vergibt, durchkreuzt werden. Mit dieser Vorstellung sollte dem Menschen bewusst werden, dass der Lauf des Lebens letztlich zufällig ist. *In asiatischen Religionen* gibt es kein unerklärliches Schicksal, sondern die Lehre vom Karma (vgl. S. 76).
Für Juden, Christen

und Muslime ist das Schicksal keine eigenständige Macht. Sie sprechen von der *Vorsehung* Gottes. Christen glauben, dass Gott die Geschichte der Welt und jedes Menschen lenkt und in Händen hält, dass aber der Mensch dennoch frei bleibt. Rein rational ist die Spannung, wie die Vorsehung Gottes und die Freiheit des Menschen zusammengehen können, nicht aufzulösen (vgl. S. 87f.). Christen brauchen ihr Schicksal nicht auf irgendwelchen okkulten Wegen ergründen, sondern können auf Gott vertrauen. Sie tun es nicht blind, sondern bauen auf die guten Erfahrungen, welche Menschen vor ihnen mit Gott gemacht haben. Davon erzählt die Bibel von Anfang bis Ende: Es ist ein Gott, der für Mensch und Welt das Gute will. Deshalb können sich Christen der Vorsehung Gottes anvertrauen und im Vaterunser zuversichtlich beten „dein Wille geschehe".

III. „Alles Humbug…!" – Lässt sich manches erklären?

Eine Fallgeschichte

„Nur so zum Spaß" willigt der 41jährige Werner T. aus Hamburg in das Angebot eines Arbeitskollegen ein, ihn zu einer spiritistischen Sitzung zu begleiten. Die übrigen fünf Personen, mit denen er sich noch am gleichen Abend im flackernden Schein einer Kerze um einen runden Tisch versammelt, sind Werner T. unbekannt. Ein „Medium" kündigt einen Häuserbrand an, der sich exakt 22 Tage später ereignen soll. Anhand unverwechselbarer Details erkennt der entsetzte Werner T., dass das „Medium" offenbar dabei ist, sein eigenes Haus in Hamburg zu beschreiben.

Nach Tagen voller Angst und Unsicherheit wendet sich Werner T. telefonisch an die „Parapsychologische Beratungsstelle" in Freiburg. Deren Leiter lässt sich die gesamte Lebensgeschichte des Anrufers erzählen und fördert schließlich eine fast schon vergessene Zäsur im Leben des 41jährigen zutage: 1974 war Werner T. im ersten juristischen Staatsexamen gescheitert – und zwar just an dem Tag, da nun 15 Jahre später sein Haus abbrennen soll?

„Das Medium hat es geschafft, unverarbeitete Ängste des Werner T. intuitiv wahrzunehmen und dies als Botschaft widerzuspiegeln", erklärt der Wissenschaftler. Ein gutes Stück erleichtert legt der Anrufer auf. Der „Stichtag" wird ein Tag wie jeder andere, das Haus des Werner T. bleibt gänzlich unversehrt.

Heutige Erklärungshypothesen

Der animistische Erklärungsversuch – von lat. „anima", Seele, erklärt außersinnliche Phänomene innerweltlich, also natürlich, durch physikalische oder seelische Kräfte. Die Bewegung etwa des Glases kann beispielsweise von unwillkürlichen Muskelbewegungen kommen, die von seelischen Spannungen herrühren (vgl. *tiefenpsychologischer Erklärungs-*

versuch), oder von Kapillarpulswellen in den Fingerspitzen oder einfach vom Carpentereffekt (s.u.).

Der spiritistische Erklärungsversuch – von lat. „spiritus", der Geist, erklärt paranormale Phänomene außerweltlich, nämlich als Einwirkung von Geistern, von jenseitigen Wesen: von Verstorbenen, Engeln, Dämonen oder Satan/Teufel auf die Erde. Zu diesen wollen Spiritisten mit Hilfe bestimmter Praktiken oder über sog. Medien, also über dafür begabte Personen, Kontakt aufnehmen (vgl. S. 59).

Der naturwissenschaftliche Erklärungsversuch – sieht die okkulten Phänomene prinzipiell als natürlich erklärbar an, manches sei höchstens noch nicht erklärbar. Eine naturwissenschaftliche Erklärung sind die psychomotorischen Automatismen, die der Mediziner *Carpenter* 1852 entdeckte. Sie besagen, dass jede Vorstellung einer Bewegung zugleich den Vollzug dieser Bewegung provoziert. Wer eine Wendeltreppe beschreiben will, unterstützt dies mit einer kreisenden Handbewegung; Autofahrer legen sich in die Kurve.

Der tiefenpsychologische Erklärungsversuch – sieht in den paranormalen Phänomenen Spiegelbilder der Seele bzw. innerseelischer Prozesse. Nach der Tie-

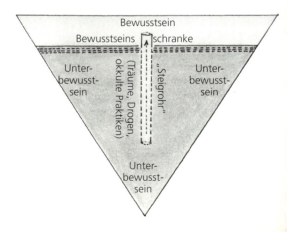

fenpsychologie besitzt der Mensch Bewusstsein und ein viel umfangreicheres Unterbewusstsein. In dieses sinken sinnliche Wahrnehmungen und seelische Eindrücke ab oder sie werden dorthin verdrängt, weil sie unangenehm sind. Mit dem Bewusstsein kann man an diesen unterbewussten „Speicher" nicht herankommen. Aber in Träumen, in besonderen emotional gespannten Situationen, wie sie auch bei okkulten Praktiken auftreten, können sie wieder auftauchen. Die Praktiken wirken wie „Steigrohre" oder „Lifte" vom Unterbewussten zum Bewussten. Die Psychoanalyse macht sich diese Erkenntnis zur Traumanalyse und Heilung seelischer Krankheiten zu Nutze.

Die Geschäftemacher- oder Betrugs-Hypothese – erklärt paranormale Fähigkeiten als Gaunerei. Bestimmte Leute würden mit einstudierten Tricks und Suggestionen ihre gutgläubigen oder sensationsgierigen Kunden täuschen und viel Geld dabei verdienen. Neben solcher Fremdtäuschung muss man immer auch mit Selbsttäuschung rechnen. Viele sagen zwar, sie glauben nur, was sie sehen, und ahnen dabei gar nicht, dass gerade die sinnliche Wahrnehmung sehr fehleranfällig ist (vgl. das Phänomen der optischen Täuschung).

1a. Vergleicht die Erklärung der Fallgeschichte des Werner T. durch den Wissenschaftler mit den Erklärungshypothesen.
b. Welche Hypothese erscheint euch plausibel? Welche sind überprüfbar, welche sind nicht überprüfbare Annahmen?
2. Manche sagen: „Nicht alles, was es zwischen Himmel und Erde je gab, gibt und geben wird, ist jemals für unseren Verstand erklärbar – und das ist für den Menschen gut." Nehmt zu dieser Ansicht begründet Stellung!
3. Ein kleines Experiment: Stellt eine eisgekühlte Coladose auf eine waagrecht liegende Glasplatte. Beobachtet, was passiert, und erklärt, was ihr seht.

Nach dem Zweiten Weltkrieg hat die parapsychologische Forschung zeigen können, dass es paranormale Phänomene gibt. An der Universität Freiburg wurde sogar ein eigener Lehrstuhl eingerichtet. Seitdem kann man „okkulte" Erlebnisse, von denen jemand erzählt, nicht mehr einfach von vornherein als unbewiesen und verlogen, als Täuschung und Betrug einstufen. Manches Phänomen kann natürlich erklärt werden, anderes ist wissenschaftlich ungeklärt. Als eine der bestbewiesenen Hypothesen für okkulte Phänomene gilt heute die tiefenpsychologische. Man macht es sich aber auch zu einfach, wie das die Anhänger des Spiritismus tun, wenn man aus der Ungeklärtheit eines Phänomens auf dessen Übernatürlichkeit schließt und Geister oder Satan am Werk sieht. Es kann auch bequem entlastend sein, wenn man Böses, für das man selbst verantwortlich ist, Geistern in die Schuhe schiebt. Dass es ungeklärte okkulte Phänomene gibt, kann auch zeigen, dass unsere wissenschaftliche Kenntnis von der Natur und ihren Gesetzmäßigkeiten nur eine annähernde Konstruktion der Wirklichkeit ist und dass wir sie rational-naturwissenschaftlich nie ganz werden erfassen können.

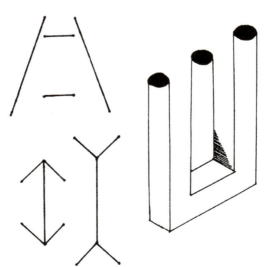

Jenseits – eine dem dreistöckigen Weltbild der Antike entnommene Vorstellung, nach der die sichtbare Welt, das Diesseits, unterschieden wird von zwei jenseitigen unsichtbaren Sphären, dem Himmel und der Unterwelt. Ins Jenseits gelangen die Seelen der Verstorbenen. Zum biblischen Verständnis vergleiche S. 145f. Der Okkultismus sieht das Jenseits als realen „stofflichen" Ort, in dem die Geister leben.

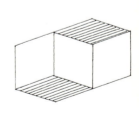

Beispiele für optische Täuschungen

IV. Was treibt Menschen auf den Markt der Heilsangebote ?

1. Wie unsere Gesellschaft beschrieben wird

Die heutige Gesellschaft bindet den Einzelnen immer stärker in Systeme ein: in Schule, Betrieb, Medien, Marktgesetze. Er ist den von ihnen diktierten Entwicklungen ausgesetzt. Sein Leben muss dementsprechend funktionieren. Der Mensch fühlt sich als Rädchen im Getriebe. Seine Leistung zählt, sonst nichts. Die eigenen Fragen, Sehnsüchte und Bedürfnisse kommen im System nicht vor oder zu kurz. Alles muss rational sein.

Eine bestimmte Klasse von Trendsettern braucht sich um die normalen Lebensbedürfnisse keine Gedanken zu machen, denn Geld ist immer genug da. Sie kann es sich leisten alle Angebote der Freizeitindustrie zur Zerstreuung und Unterhaltung voll auszunützen. Ständig ist man auf der Suche nach der immer ausgefalleneren Abwechslung. Zur „Markenkleidung", die man trägt, gehört der exklusive „Kick", den man sich gönnt. Spaß muss sein, „Fun". Nur wer alles ausprobiert hat, kann mitreden, ist „in".

Jeder muss an jedem Tag unterschiedliche Rollen übernehmen. Das Leben spielt sich in verschiedenen Bereichen ab, z. B. Arbeit, Freizeit, Familie, die wenig miteinander zu tun haben. Es ist unübersichtlich, ungesichert und sehr anstrengend. Nirgendwo ist man als ganzer Mensch gefragt, einfach so wie man ist oder wie einem zumute ist. Das System fordert, dass man Gefühle beherrscht und immer fit und gut drauf ist.

In unserem Jahrhundert haben Naturwissenschaft und Technik viele Ängste beseitigt, aber auch neue hervorgerufen. Sie können ihr Versprechen, Glück und Wohlfahrt für alle zu ermöglichen, nicht einlösen. So sind die Grundfragen des Menschen nach Herkunft, Zukunft und Sinn geblieben. Früher waren die Antworten eine Domäne der Kirchen. Aber die haben auf dem Markt der Sinnanbieter und Lebenshelfer Konkurrenz bekommen.

Unsere Gesellschaft versteht sich als „pluralistisch". Wie in einem Supermarkt wird eine Vielzahl (lat. Plural) verschiedener Weltanschauungen angeboten. Der moderne Mensch versteht sich als freier Kunde, der bei Bedarf und Gelegenheit zugreift, sein persönliches „Sinnmenue" zusammenstellt und es eine Zeit lang testet. Bindung und Verpflichtung sind für ihn „megaout". Er empfindet die freie Wahl zunächst als positiv. Aber die Kehrseite ist die fehlende Orientierung. Man fragt nicht, welches Angebot ist wahr, sondern welches tut gut, und zwar mir und „instant".

Die Menschen von heute möchten sich in persönlichen Angelegenheiten immer weniger von Familie, Staat oder Kirche sagen lassen. Traditionelle Formen von Gemeinschaft gelten als fragwürdig und neue sind noch nicht genügend erprobt. Das hat viele unsicher gemacht, denn nun ist das Risiko des eigenen Lebensentwurfs von jedem allein zu tragen. Viele sind immer weniger fähig mit Schwächen und Ängsten, mit Schuld und dem Bösen zu leben. Oft lautet der einzige Rat: „Das muss jeder selbst wissen"; „du musst sehen, wie du das Beste draus machst." Mancher muss sich anhören: „Ich hab damit kein Problem."

Viele Menschen der Nordhalbkugel der Erde wollen vor allem viel haben. Sie liegen damit im Trend der Werbung, für die einer etwas ist, wenn er das Richtige hat. Sie meinen, kaufen mache glücklich. Und trotzdem sitzt der Zweifel tief, ob Geld und Haben einem wirklich alles geben können. Es bleibt das Gefühl, dass dem Wohlstand noch etwas fehlt, dass Leben mehr sein muss als eine Leistung und ein Einsatz, die sich „rechnen".

1. Einmal angenommen, die hier aufgeführten Beschreibungen kennzeichnen unsere Gesellschaft einigermaßen richtig: Schreibe aus jeder These zentrale Begriffe und Aussagen heraus. Suche mit deinem Nachbarn für einzelne Thesen Belege und Beispiele aus deinem Erfahrungsraum oder aus den Medien.
2. Lässt sich von diesen Kennzeichnungen her verstehen, warum die okkult-esoterische Szene bei uns Zulauf hat? Vergleiche die Beschreibungen der Gesellschaft auch mit den Aussagen der Jugendlichen in Kapitel II (S. 60).
3. Sucht in Zeitungen nach Angeboten des „Marktes der Heilslehren"! Welche Bedürfnisse versprechen sie zu befriedigen?

2. Wie Jugendliche die Kirche sehen

„Darum überrascht es mich kein bisschen, dass Sekten so einen Erfolg haben. Die Leute haben nun einmal ein Bedürfnis nach Spiritualität. Früher oder später steht jeder Mensch vor der Frage: Warum lebe ich eigentlich? Was soll das alles? Wenn du dann in die Kirche gehst, in der du groß geworden bist, mit einer riesigen Frage im Herzen und es kommt mal wieder so eine Predigt, die völlig an dir vorbeigeht, denkst du: Na toll, dieser Laden kann dir anscheinend keine Auskunft geben. Wenn dir da im richtigen Moment ein Sektierer über den Weg läuft und dir erzählt, dass das alles ganz einfach ist, und dir ein vorgesetztes Weltbild gibt, dann bist du drin! Sekten legen viel Wert auf eine gewisse Weltsicht. Damit bieten sie Leuten, die kein eigenes Wertesystem haben, eine Sicherheit. Sekten bieten etwas, woran sich die Leute halten können. Das suchen die Leute.

Man kriegt ja im Leben nichts geschenkt, du musst für alles arbeiten. Wenn Jesus sagt: ich bin für euch am Kreuz gestorben, weil ich euch liebe, ihr müsst dafür gar nichts tun außer mich anzunehmen, ihr müsst euch nicht tausend Peitschenschläge verset-

zen oder dreimal um den Block rennen, damit ich euch vergebe, ihr müsst mich nur lieb haben und mir nachfolgen, – ich glaube, das erscheint vielen Leuten als zu einfach. Das sind sie nicht gewöhnt, weil sie immer so viel leisten müssen. Dagegen heißt es immer bei Sekten, z.B. Scientology: Zahle so und so viel Geld, mache diesen Kurs und dann bist du eine Stufe höher und kannst dich praktisch selber erlösen, wenn du nur viel genug machst und hart genug arbeitest dafür. Das ist näher an dem dran, was die Leute aus ihrem Alltag gewöhnt sind. Menschen sind es nicht mehr gewöhnt, etwas geschenkt zu kriegen und das so anzunehmen. Sekten sind schlicht offensiver. Die wollen Mitglieder und werben wie die Blöden. Die Kirchen ruhen sich immer noch darauf aus, dass sie Staatskirchen sind. Die denken, damit haben sie die Leute für sich gepachtet. Leider ist das nicht mehr so.

Interview mit Jana, 19 J., aus München

„Ich geh' net in die Kirche oder sonstigen Scheiß, ne, ich mein, Kirche bringt mir nix, ich mein, ich hock in der Kirche a Stund lang und hör dem halt seine Predigt an. Aber ich mein irgendwie manchmal, wenn ich nachts Bauchschmerzen hab, weißt schon, wenn ich so richtige Krämpfe krieg, wie ichs manchmal hab oder so, dann tu ich fei echt manchmal beten oder so."

Berufsschüler, 17 J.

„Wenn ich lange in der Disko tanze, fühl' ich mich plötzlich wie in einer anderen Welt. Es ist etwas Größeres in mir als ich selbst. Ich fühle eine tiefe Verbundenheit mit den anderen Menschen."

Schülerin, 16 J.

Taizé hat Stuttgart in Bann geschlagen

Schlichte Sätze des Frère Roger, einfache Gesänge und Gebete, ebenso einfache Kost und Logis, Tausende Menschen dicht an dicht – das klingt nicht gerade attraktiv für den wohlstandsverwöhnten Geschmack. Und doch kamen um die 70 000 junge Leute aus ganz Europa zum Jahreswechsel in die Schwabenmetropole. Offenbar suchten sie anderes als touristischen Komfort, der in jedem Prospekt angeboten wird.

KIRCHEN-WOODSTOCK – UND WEITAUS MEHR

Der Weltjugendtag in Paris zeigte ein gigantisches Beispiel von Weltkirche

Immer wieder Jubel um den Papst. Als sei er auf der Pferderennbahn Longchamp am Sonntagvormittag nicht genug gefeiert worden, jubelten ihm nachmittags abermals Tausende zu, als er sich von der Nuntiatur aus nochmals zeigte. In einer improvisierten Ansprache in Französisch zeigt sich Johannes Paul II. bewegt von den drei Tagen, die er in Paris erlebt hatte.

Tatsächlich hatte die Stadt einen Ausnahmezustand erlebt. Mehr als eine Million Menschen waren dem Papstgottesdienst begeistert gefolgt, auch die Teilnehmerzahlen der vorausgegangenen Großveranstaltungen hatten alle Schätzungen überschritten. Keine Metro-Station, in der nicht Jugendgruppen einander von Bahnsteig zu Bahnsteig begrüßt hätten, keine Straße in Paris, in der nicht pilgernde Jugendliche zu sehen gewesen wären. Ein katholisches Woodstock – und weitaus mehr. 160 Staaten waren es, aus denen Teilnehmer des Weltjugendtages nach Paris gekommen waren. Dabei beeindruckte das Gefühl der Zusammengehörigkeit über Grenzen hinweg am stärksten. Suche nach Gemeinschaft, Spiritualität und nicht zuletzt die Attraktivität der französischen Hauptstadt gehörten zu den meistgenannten Motiven für die Teilnahme.

PLANET LIFE

This ain't just a party – it's a ravin'church!
House/Ambient/Dance/Techno/Trance/Drums&Bass/Triphop/Cosmic/Gabber

Wenn du immer noch glaubst, dass leben mit Jesus von vorgestern ist, dann sitzt du im falschen Bus!
Jetzt gibt es nämlich in München etwas ziemlich Fittes: einen
Rave-Gottesdienst.
So richtig amtlich mit Abendmahl, fettem Sound, Gebet, Movin Area, Bibel-Lesung, Lightshow;
DJ NASTY (HolyWood), DJ TARZAN und dem Live-Act C-Low.
EINTRITT FREI
Info Hotline & Message Box: T 6925799
Kontakt und Koordination: T+F 89161727 (Hans Georg)
Wir suchen noch Mitarbeiter
Getragen wird der Planet Life Gottesdienst vom Initiativkreis Rave-Gottesdienst von der Evangelischen Jugend München, und Anderen.

Rave in der Kirche; Erster Münchner Rave-Gottesdienst
Jugendliche – Gott ist cool; Kombinierte Techno-Musik und Predigt
Fast 400 Teenager tanzten beim Rave-Gottesdienst.

1a. Erarbeitet aus den Texten und Fotos, warum Jugendliche mit der traditionellen kirchlichen Verkündigung Probleme haben.
b. Sprecht über die vorgestellten alternativen Formen kirchlicher Verkündigung.
c. Diskutiert darüber, ob okkult-esoterische Angebote den Fragen und Sehnsüchten der Jugendlichen gerecht werden können (vgl. S. 60).
2. Macht für folgende Themen eine Untersuchung:
⇨ Bestandsaufnahme des vorhandenen Angebots eurer Kirchengemeinden für Jugendliche.
⇨ Die Vorstellung Jugendlicher von einem für sie attraktiven Angebot der Kirche.
Präsentiert die Ergebnisse als Wandzeitung in eurer Schule und in euren Kirchengemeinden (vgl. „Versuche", S. 176).
3. Setzt euch in Kleingruppen mit den nachfolgenden Positionen eines Zeitgenossen Punkt für Punkt auseinander und prüft, ob sie sich mit euren Erfahrungen decken oder nicht.

„Ob ganz zu Recht oder zu Unrecht, das sei einmal dahingestellt. Viele Menschen empfinden meines Erachtens so:
⇨ Die Kirchen nehmen die Fragen der Menschen nicht mehr richtig wahr. Sie geben oft Antworten auf Fragen, die die Menschen nicht gestellt haben. Diese Antworten sind wahrscheinlich schon richtig, aber viel zu kompliziert. Vor allem sind sie viel zu abgehoben als dass ein normaler Mensch heute danach leben könnte.
⇨ Die Menschen von heute suchen eine Orientierung und einen Halt, aber sie wollen sich erst einmal umschauen, bevor sie sich entscheiden und auf etwas einlassen. Freiheit ist für sie ganz wichtig. Die Kirchen wollen zu vieles regeln. Wenn man sich mal irgendwo engagiert, wollen sie einen sofort krallen.
⇨ Manche Prediger tun in ihrer Verkündigung so, als wüssten sie über Gott und die Welt Bescheid. Wie wollen sie denn beweisen, dass sie Recht haben und andere auf dem Holzweg sind? Irgendwie kann man dem Geheimnis Gott doch auch anderswo begegnen, oder? Und gute Menschen gibt es auch außerhalb der Kirchen.

Satanismus – Sammelbezeichnung für unterschiedliche Strömungen und Gruppierungen in der Neuzeit, die sich alle irgendwie dem Kult des Dunklen und Bösen verschrieben haben. Für den Satanismus als religiöse Okkultbewegung steht der Name des Engländers Aleister Crowley (1875-1947). Er sah sich als Prophet und Priester der satanischen Religion. Diese sei ihm im Jahre 1904 in Ägypten von der altägyptischen Gottheit Set, dem Gott der Zerstörung und Mörder des Osiris, geoffenbart worden. Er habe sie im „Buch des Gesetzes von Thelema" (griech. „Wille, göttliche Bestimmung") niedergeschrieben. In ihm, Aleister Crowley, dem „Beast", sei Gott erneut Mensch geworden. Ihm seien Rituale wie Tieropfer, Magie, Sexualpraktiken in sämtlichen Spielarten und Perversionen und die Einnahme von Drogen darzubringen. Mit diesen Ritualen werde man dem „Tier" gleich. Crowley entlehnte sie dem Okkultorden O.T.O. (Ordo Templi Orientis). Ein besonderes Ritual der Satanisten sind die sog. „schwarzen Messen", in denen Crowley alias „Baphomet" alias „To Mega Therion – The Beast 666" alias „Gott selbst" angebetet und verherrlicht wird.

⇨ Die Gottesdienste laufen immer nach dem gleichen Schema ab. Da ist nichts los. Ständig wirst du belehrt, fast kommst du dir wie in der Schule vor. Programm haben die Leute jeden Tag genug. Schön wäre ein Gottesdienst, auf den man sich freut, weil man dort Freunde trifft. Er müsste was von einer Fete haben, von der man gut drauf wieder nach Hause geht. Dabei könnte gerade ein katholischer Gottesdienst ein klasse Fest für Sinne und Gemüt

sein. Kenner der Szene stellen sogar fest, dass kommerzielle Veranstalter von Musik-Events kräftig von der Liturgie der Kirche abkupfern.

Natürlich ist mir auch klar, dass ein Gottesdienst nicht nur in Stimmung und „feeling" machen soll. Es ist schließlich ein Gottes-Dienst und ein guter Prediger hat auch etwas zu sagen. Er klopft nicht nur Sprüche, sondern fordert Menschen zum Tun des Rechten heraus."

V. Typen von Heilslehren auf dem okkult-esoterischen Markt

Ein Gang über den Markt

Auf den Seiten 68-74 werden drei Typen von Heilslehren vorgestellt. Untersucht sie in Arbeitsgruppen und stellt die Ergebnisse zu folgenden Gesichtspunkten gegenüber:

⇨ *das jeweilige Bild vom Menschen und von seiner Aufgabe*

⇨ *die Beziehung des Menschen zu anderen Menschen und zur Natur*

⇨ *die Aussagen über das höchste Wesen*

⇨ *was ist gut und was böse*

⇨ *wie werden Schuld, Krankheit, Leid, Scheitern verstanden und wer kann daran etwas ändern und wie*

⇨ *welche letzte Zukunft hat die Welt und der Mensch*

1. „Das Gesetz von Thelema" – Der Kult des Bösen

„Das Gesetz des Starken: das ist unser Gesetz und die Freude der Welt." (AL, II, 2); „Tu, was Du willst, sei das ganze Gesetz" (AL, I,40)

„Du hast kein Recht als Deinen Willen zu tun.- Tu dies, und keiner soll Nein sagen." (AL, I,42/3)

„Jeder Mann und jede Frau ist ein Stern." (AL, I,3)

Cover der Platte „South of Haven" von der Gruppe Slayer. Darauf finden sich Lieder mit Texten wie „Ich bin der Antichrist, ich bin der Wahnsinn" oder „Satan, er ist Gott". Vieles, was nach antichristlichem „Kult des Bösen und des Todes" aussieht, lässt sich auf dem Cover entdecken. Darüber, ob damit auch ein Protest gegen die Gesellschaft überhaupt gemeint sein könnte, müsste man diskutieren. Oder könnte es mit dieser Aufmachung auch nur ums Geschäft gehen?

ES GIBT KEINEN GOTT AUSSER DEM MENSCHEN.

1. Der Mensch hat das Recht nach seinem eigenen Gesetz zu leben: – zu leben, wie er will, zu arbeiten, wie er will, zu spielen, wie er will, zu ruhen, wie er will, zu sterben, wann und wie er will.

2. Der Mensch hat das Recht zu essen, was er will, zu trinken, was er will, zu wohnen, wo er will, zu reisen auf dem Antlitz der Erde, wie er will.

3. Der Mensch hat das Recht zu denken, was er will, zu sagen, was er will, zu schreiben, was er will, zu zeichnen, malen, schnitzen, ätzen, gestalten und bauen, wie er will, sich zu bekleiden, wie er will.

4. Der Mensch hat das Recht zu lieben, wie er will: „auch erfüllet euch nach Willen in Liebe, wie ihr wollt, wann, wo und mit wem ihr wollt!"(AL, I,51)

5. Der Mensch hat das Recht all diejenigen zu töten, die ihm diese Rechte zu nehmen suchen. „Die Sklaven sollen dienen." (AL, II, 58)

„Liebe ist das Gesetz, Liebe unter Willen." (AL, I,57)

Dieses Gesetz ist das Gesetz der Starken, Erleuchteten. Wir haben nichts gemein mit den Ausgestoßenen und den Unfähigen; lass sie sterben in ihrem Elend. Denn sie fühlen nicht. Mitleid ist das Laster von Königen; tritt nieder die Elenden und die Schwachen. Dies ist das Gesetz der Starken: Dies ist unser Gesetz und die Freude der Welt. Glaube, o König, nicht die Lüge, dass du sterben musst; in Wahrheit sollst du nicht sterben, sondern leben.

Aleister Crowley,
Das Buch des Gesetzes, Liber Al vel Legis

2. „Das Zeitalter des Wassermanns" – Esoterik

Wenn der Mond im siebten Hause steht
und Jupiter auf Mars zugeht,
herrscht Friede unter den Planeten,
lenkt Liebe ihre Bahn.
Genau ab dann regiert die Erde der Wassermann,
regiert sie der Wassermann, der Wassermann,
der Wassermann.

Harmonie und Recht und Klarheit,
Sympathie und Licht und Wahrheit,
niemand wird die Freiheit knebeln,
niemand mehr den Geist umnebeln,
Mystik wird uns Einsicht schenken,
und der Mensch lernt wieder denken
dank dem Wassermann, dem Wassermann.

Titelsong aus dem Musical „Hair", 1968

Eine esoterische Übung: 12 Schritte, Dich mit Deinem Engel zu vereinen

1. Bereite Deinen Raum vor
Finde einen friedvollen Platz, wo Du Dich wohl und geschützt fühlst. Diesen Platz kannst Du durch Kristalle, Edelsteine, Blumen und eine angezündete Kerze noch verschönern. Du kannst Dich vorher reinigen (baden oder duschen) und saubere Kleidung anlegen.

2. Beruhige Dein Gemüt
Begib Dich in Deinen heiligen Raum, beruhige Dein Gemüt und lass Zweifel und Angst gehen. Zentriere Dein Wesen. Dehnen, ausstrecken und tief atmen sind hilfreich.

Der *Satanismus der Gegenwart* existiert seit den 60er Jahren in verschiedenen Schattierungen: organisiert in der „Church of Satan", spontan als Party-Gag, programmatisch in Teilen der Rockmusik oder als letzter „Kick" bei Erlebnishungrigen aber auch als Teil krimineller Szenen. Viele Gesellschaftskritiker sehen in der Satanismus-Szene von heute kein religiöses Phänomen, sondern ein Produkt der Mode und des Kommerzes. Anderen erscheint sie als eine Form des Protests gegen eine Gesellschaft, die die unleugbare Wirklichkeit des Bösen verdrängt oder nur noch zu einer Sache der Unterhaltungsindustrie macht.

3. Visualisiere Deinen Stern
Über Dir ist ein strahlender goldener Stern, der Dich in goldenem Licht badet. Fühle Dich als einen Strahl dieses Sterns.

4. Stimme Dich auf Deinen Engel ein
Erinnere Dich, Dein Engel ist immer bei Dir. Alles, was Du tun musst, ist Dich an seine Gegenwart zu erinnern. Du beginnst die „Engel-Frequenzen", die Dich immer umgeben, zu fühlen.

5. Rufe Deinen Engel
Rufe Deinen Engel, überschütte ihn mit Deiner liebenden Dankbarkeit. Sprich mit ihm über Dein Verlangen, seine Gegenwart zu fühlen und Dich mit ihm zu vereinigen.

6. Lausche und fühle
Fühle die Wellen des goldenen Lichts, welches Dich umgibt. Gestatte Dir, die Liebe, die Dein Engel auf Dich richtet zu fühlen. Sonne Dich einfach darin.

7. Bitte um Deinen Namen
Bitte Deinen Engel um DEINEN Namen, daß Du ihn hereinnehmen kannst, um EINS zu werden.

8. Höre und vertraue
Öffne Dich, um die Töne zu hören, die Dein Engel Dir singt. Dann vertraue auf das, was Du hörst.

9. Probiere Deinen Namen
Sprich Deinen Namen (den Namen, den Du vom Engel gehört hast), lass ihn tief in Dir ertönen und widerhallen. Wie fühlt er sich in Dir innen an? Je mehr Du ihn sagst, um so kraftvoller wirst Du ihn fühlen.

10. Beanspruche Deinen Namen
Sage „ICH BIN......." (den Namen, den Du gehört hast). Bringe die Energie, das goldene Licht von dem goldenen weißen Stern über Dir hinunter bis zu Deinen Fußspitzen.

11. Vereine Dich mit Deinem Engel
Fühle, wie Dein Engel in Deinen Körper hinabsteigt und sich Dir angleicht von Chakra zu Chakra, bis Du EINS mit ihm bist.

12. Geh frei voran
ERINNERE DICH, DASS DU EIN ENGEL BIST, egal wo Du bist oder was du tust. Dies wird Dein Leben verwandeln.
DU BIST EIN ENGEL
Dein Name ist die Brücke zwischen Dir als Mensch und Dir als Stern. Es ist der goldene Strahl, der uns mit der Quelle verbindet.

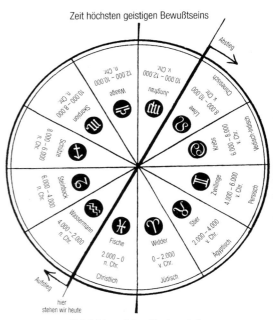

„New Age", „Esoterik" und „transpersonale Psychologie" meinen keine Kirche, keine Sekte, keine feste Gruppierung, sondern sind Sammelbegriffe für neu-religiöse Strömungen. Diese beanspruchen, alle Bereiche des Lebens und die Zusammenhänge der Welt einheitlich zu deuten. Sie bieten Kurse, Methoden und Mittel an, um das Denken und Fühlen zu erlernen, das dieser Weltdeutung entspricht. Die Vision vom zukünftigen „Neuen Zeitalters" klang bereits im Wassermannsong des Musicals „Hair" von 1968 an.

New Age geht von einer astrologischen Weltdeutung aus. Das Weltjahr von 25868 Jahren ist entsprechend den 12 Tierkreiszeichen in 12 Weltenmonate von je 2200 Jahren eingeteilt. Am 5. 2. 1962 ging das Fische-Zeitalter zu Ende. Zur Zeit leben wir in der Wendezeit zum Zeitalter des Wassermanns. Durch diesen findet ein Umschlag des Bewusstseins statt: vom rationalen zum intuitiven Denken, von der Analyse zur Synthese, vom Einzelnen zum kosmischen All-Bewusstsein, vom Lokalen zum Globa-

len, vom Konfessionellen zum Religiösen, vom Lehrhaften zum Spirituellen, vom Äußerlichen zur Innerlichkeit. Das alte Bewusstsein war falsch, denn es trennte Geist und Körper, Mensch und Mitmensch, Mann und Frau, Mensch und Natur, Mensch und Gott. Dadurch kam es zur Herrschaft der Technik, zu Entfremdung, Kriegen, Hungersnöten, Umweltverschmutzung und Krankheiten. Das neue Bewusstsein ist ganzheitlich. Der Mensch ist eingebettet in die Welt und sie hat ihren Urgrund in der

Gottheit. Diese ist nicht außerhalb der Welt und nicht außerhalb der Menschen, sondern sie ist das Göttliche in ihnen selbst. *Das Göttliche* ist eine große geistbeseelte Einheit. Man kann sie Gott, das All-Eine, Gaia, Mutter Natur oder Brahman nennen. Man begegnet dem Göttlichen nicht im Gotteshaus oder in Dogmen, sondern im eigenen Körper, in den anderen und in der Natur. Man braucht an Gott nicht zu glauben, sondern kann das Göttliche in sich selbst spüren, weil es in einem selbst ist. Und auch die „Geist-Göttlichkeit" der Welt kann man mittels verschiedener Techniken und „Eso-Werkzeuge" erleben. Man kann die kosmischen Energieströme spüren und das Balancehalten zwischen Körper und

Geist erlernen. Mit positivem Denken, Feuerlaufen und Meditation, Astrologie und Pendeln, Schwitzhütten und Kristallpyramiden, mit Rebirthing, Reiki oder Bach-Blüten-Therapie kann man alte Denkweisen, Irrtümer und falsches Handeln ablegen, was Karma verursacht hat. Der neue Mensch lebt gesünder, wird erfolgreicher und glücklicher, er wird ein besserer Mensch. Allerdings braucht er für *die Entwicklung transpersonalen Bewusstseins* nicht nur viele Seminare und Therapien, sondern auch viele Leben, sog. Reinkarnationen. Wer im Zustand der Nicht-Bewusstheit verharrt, wird schuldig an sich und trägt zur weiteren Schädigung der Welt bei. Der neue Mensch lebt die uralte Har-

monie von Yin und Yang, er lebt ganzheitlich. Er überschreitet stufenweise sein Ego, indem er die Einheit mit allem Seienden erfährt, und wird mystisch eins mit dem Göttlichen. Er erhöht sich selbst. Wenn immer mehr Menschen den Weg der „transpersonalen Transformation" gehen, bekommen sie die Macht zur spirituellen Heilung der Welt. Nicht äußeres Tun heilt die Beziehungen der Menschen und die Welt, sondern die innere Haltung. Weil die Erlösung einfach durch die „Bewusstseins-Power" der Menschen geschieht, nennen manche das eine „sanfte Verschwörung". Sie funktioniert, weil alles ein energetisches „network", ein „großes, gemeinsames Schwingen", eine „kosmisch-göttliche Einheit" ist.

3. „Der Aufstieg zum O. T." – Scientology-Organisation

„Wir nutzen nur 10 % unseres geistigen Potentials." Welche Fähigkeiten schlummern in Ihnen?
Sie sind vielleicht kein Einstein. Aber Sie haben das Wertvollste, was ein Mensch haben kann: eine e i g e n e unverwechselbare Persönlichkeit, eine wohl unendliche und unerschöpfliche Quelle an Talenten, schlummernden Fähigkeiten und ungenutzter Intelligenz. Wie können Sie diese aktivieren?
Die Antwort gibt die
OXFORD
PERSÖNLICHKEITS
ANALYSE

Lafayette Ron Hubbard (1911–1986) – Begründer und geistiger Vater von Scientology; begann ein Ingenieurstudium, arbeitete später als Sience-Fiction-Autor. Nach 1945 kam er mit dem O. T. O. des Neo-Satanisten Aleister Crowley in Kontakt (vgl. S. 68). 1950 veröffentlichte er das Buch „Dianetics", in dem er seine Lehre von der „geistigen Gesundheit" des Menschen und von der Heilung der Welt von allen Übeln wie Krieg, Verbrechen, Krankheit und Armut darlegte. Das Buch wurde in den USA ein Bestseller und Hubbards Psycho-Kurse bekamen Zulauf. Im Jahre 1954 gründete er die „Scientology Church", für die das Buch „Scientology" 1956 den ideologischen Überbau schuf. Während sich Hubbards Spur ab 1981 verliert, baut „Scientology" eine weltweites Organisationsnetz zur Verbreitung und Durchsetzung der Prinzipien Hubbards auf. Diese liegen in unzähligen Büchern, Schriften, Richtlinien, Handlungsanweisungen, Kursen und Vorträgen vor und bilden als Ganzes die „Technology" zum Aufbau der „neuen perfekten Zivilisation".

Ausschnitte aus Flugblättern bzw. Postwurfsendungen von Scientology

„Eine Zivilisation ohne Wahnsinn, ohne Kriminalität und ohne Krieg, eine Zivilisation, in der sich der Mensch entsprechend seiner Fähigkeiten und seiner Rechtschaffenheit entwickeln kann, eine Zivilisation, in der der Mensch die Möglichkeit hat sich zu höheren Ebenen zu entwickeln – das sind die Ziele der Scientology."
L. Ron Hubbard

„Ganze Zivilisationen veränderten sich, weil jemand die Kinder veränderte. In der Vergangenheit wurden Kinder meist zum Schlechteren verändert. Machen wir es heute einmal anders und verändern wir sie zum Besseren."
L. Ron Hubbard

„Die Aktion, eine pro-Scientology Regierung zustandezubringen, besteht daraus, dass man einen Freund bei der höchsten erreichbaren Regierungsperson schafft, die man erreichen kann, und dass man sogar einen Scientologen in häuslichen oder untergeordneten Posten in dessen Nähe einsetzt und dafür sorgt, dass Scientology seine persönlichen Schwierigkeiten und seinen Fall löst."
Hubbard-Anweisung

„4. Setze Dich niemals selbst herab und verkleinere nie Deine Stärke oder Macht.
5. Benötige niemals Lob, Bewunderung oder Mitleid.
6. Schließe niemals Kompromisse mit Deiner eigenen Realität.
7. Erlaube niemand, dass Deine Zuneigung verunreinigt wird.
8. Gib und empfange keine Kommunikation, wenn Du nicht selbst es wünschst.
9. Deine Selbstbestimmung und deine Ehre sind wichtiger als Dein unmittelbares Leben…
10. Bedaure niemals, was gestern war.
11. Das Leben ist heute in Dir und Du machst Deine Zukunft.
12. Fürchte niemals einem anderen in einer gerechten Sache weh zu tun…"
L. Ron Hubbard

„1. Suche Dir ein Geschäft aus, welches bereits sehr gut arbeitet.
2. Wende Dich an den höchsten Direktor. Biete ihm Geld an, dafür zu sorgen, dass sein Geschäft ihm mehr Geld einbringt.
3. Lokalisiere SP (Suppressive Persons) in der Organisation und wirf sie hinaus.
4. Auditiere die leitenden Angestellten und zeige ihnen, um was es sich handelt, das wird dann den Zyklus in Gang setzen: die leitenden Angestellten werden die Jungmanager und das andere Personal dazu drängen, Auditing zu nehmen."
Verwaltungsvorschrift des Hubbard Communication Office (HCO), ED 1040

„Make money, make more money, make other people produce so as to make money."   *L.Ron Hubbard*

„Der Zweck von Ethik ist Gegenabsichten aus der Umwelt zu entfernen: Nachdem das erreicht worden ist, hat sie zum Zweck Fremdabsichten aus der Umwelt zu entfernen."
L. Ron Hubbard

„Gruppen, die uns angreifen, sind zumindest nicht geistig gesund. Gemäß unserer Technologie bedeutet dies, dass es verborgene Bereiche bei ihnen gibt und dass schändliche Fakten über sie existieren… Die Lösung ist, unser eigenes geeignetes Korps für diese Aktionen zu organisieren und aufrechtzuerhalten."
Richtlinienbrief des HCO

Nach dem Bestellformular für den Weihnachtskatalog 1995 von Scientology wird das E-meter zu einem Preis von DM 14.500 angeboten.

Wie wird man ein O. T., ein „Operierender Thetan"?

Technology – meint das scientologische System der Lehren, Richtlinien und Techniken, durch die man schrittweise zum „clear" bzw. zum „Operierenden Thetan" werden kann. Der Erstkontakt erfolgt meist durch Ansprechen auf der Straße und Einladung zum kostenlosen sog. Oxford-Persönlichkeitstest. Seine Auswertung erfolgt nur im Gespräch und soll die angeblichen Schwachstellen der Persönlichkeit, Aberrationen und Engramme, zu Tage fördern, die einer Lebensreparatur bedürfen, die nur Scientology beherrscht. Dafür nun wird gegen Geld ein Stufenprogramm an Schriften, Tests, Auditings, Kommunikationskursen, Konfrontationstrainings und Reinigungs-Rundowns angeboten. Im Jahre 1995 kosteten 12,5 Stunden „reguläres Auditing" ca. 8000 DM und Hubbards „Schlüssel zum Leben"-Kurs kostete 12000 DM. Der Kandidat bekommt immer nur die HCO-Richtlinien zur Kenntnis, die seiner Ausbildungsstufe entsprechen. So ist sichergestellt, dass nur ein kleiner Kreis der SO-Führungsspitze, die „Eingeweihten", über das „gesamte Wissen" verfügt. Schon mit der ersten Kursbelegung erhält man die „Einführungsmitgliedschaft", die sechs Monate lang kostenfrei ist. Danach kann zwischen der „Jahresmitgliedschaft", die jeweils ca. 550 DM kostet, und der „Lebenszeitmitgliedschaft", die einmalig ca. 3800 DM kostet, gewählt werden.

Der Mensch – besteht für Scientologen aus drei Teilen: dem Körper, dem Verstand und dem unsterblichen Thetan. Jeder Thetan existiert seit dem Bestehen des Universums und wandert in jeder Existenz von einem Menschen zum anderen. Ziel des Menschen ist „clear" zu werden. Die höchste Stufe des „clear" ist der „O.T.", der „Operierende Thetan".

Aberrationen – Abweichungen vom nur rationalen Denken.

Engramme – schmerzhafte Eindrücke und Verletzungen; sie entstehen im Laufe der verschiedenen Wiederverkörperungen eines Menschen, wenn die "analytische Maschinerie" seines Verstandes nicht richtig arbeitet und Aberrationen vorkommen. Dies ist der Fall, solange bei Entscheidungen oder beim Handeln emotionale Hemmungen und Gewissensängste auftreten. Solche Erfahrungen hinterlassen auf dem Thetan Spuren, sogenannte Engramme. Durch sie handelt der Mensch dann nicht mehr nur rational. Die Folgen sind: Krankheiten wie Asthma, der Mensch wird kriminell, er begeht Diebstähle oder nimmt Drogen.

Auditing – ist eine Mischung aus Verhör und „Therapie" durch Umprogrammierung, eine Art Gehirnwäsche. Der Auditor, ein dafür ausgebildeter Scientologe, stellt dem Probanden Fragen, durch die er bei sich Hemmungen und geistige Einschränkungen, Engramme, entdecken soll. Zu deren Auslöschung drillt der Auditor den Probanden mit den von Scientology vorgegebenen „richtigen" Antworten. Durch solche Trainings soll der "Preclear" auf einen höheren IQ und ein höheres Bewusstseinsniveau kommen. Beim Auditing kommt auch der sog. „E-Meter" zur Anwendung. Er misst angeblich die Masse und elektrische Ladung von emotionalen Spannungen, die bei der Erinnerung an Fehlverhalten aufkommen. Der E-Meter misst dann auch den jeweiligen Abbaugrad an emotionaler Spannung nach Rundowns und Auditings. Je mehr man sich die Grundmaximen des scientologischen Ehrenkodex zu eigen macht, um so weiter ist man auf dem Weg zum „clear" vorangekommen.

Kommunikationstraining – dient dem Erlernen der Sprache von Scientology. Diese besteht zum einen aus neuen Wortschöpfungen und zum anderen aus Neudefinitionen bekannter Begriffe. So wird auf subtile Weise auch das Wertesystem von Scientology vermittelt. Weiter dient das Training dem Erwerb von skrupelloser Durchsetzungskraft.

Reinigungs-Rundowns – nennt Scientology sog. Entgiftungsprogramme, bei denen der Körper z.B. durch Saunabesuche von bis zu fünf Stunden täglich und durch die Einnahme großer Mengen Vitamine und Nikotinsäure von Giftstoffen und Drogen gereinigt werden soll.

Clear – ist der Mensch, bei dem alle Engramme gelöscht sind. Alles Gefühlsmäßige und Unbewusste ist getilgt. Der clear arbeitet rein rational wie ein fehlerfrei programmierter Computer. Auf Grund dieses Programmns ist er absolut „autonom", immer „voll da", total angstfrei; Unglücksfälle können ihm nichts mehr anhaben. Er hält sich an die scientologische Ethik. Er sorgt für die Verbreitung der Waren und Dienstleistungen von Scientology. Er beseitigt in seiner Umgebung „Gegenabsichten" und „handhabt" das scientologische Rechtssystem gegen Angreifer und Aussteiger. Nicht-Scientologen werden „Wogs" oder „seriengefertigte Humanoiden" genannt.

Operierender Thetan – ist der höchste Grad eines „clear"; er hat keine körperlichen oder seelischen Beeinträchtigungen, ist nicht an Raum und Zeit gebunden, sondern mit übermenschlichen Qualitäten ausgestattet. Er schafft sich seine Umwelt, Materie, Energie, Raum und Zeit selbst und kontrolliert alles. Der O.T. hat das Menschsein auf das Göttliche hin überschritten, er ist gottgleicher Übermensch, frei vom Kreislauf von Leben und Sterben.

Scientology – bedeutet übersetzt „Lehre vom Wissen". Die Scientology Organisation bietet Technologien an, mit denen vollkommene Menschen („Clears", „O.T.'s") und eine perfekt funktionierenden Welt geschaffen werden können.

Scientology Church – Scientology bezeichnet sich selbst als Kirche. Sie gibt an, Lebenshilfe und Sinnfindung sowie den einzigen Weg für die Erlösung des einzelnen Menschen und das Überleben der gesamten Menschheit anzubieten. Andere meinen, Religion werde nur als Vorwand benutzt um Geschäfte abzuwickeln. An eine Kirche erinnern die sonntägliche Andacht, die Namensgebung und die Zeremonien bei Vermählung und Begräbnis sowie das *Scientologenkreuz*.

Organisationsschema von Scientology

RTC
(Religious Technology Center) • Sitz in Los Angeles •besitzt aller urheberrechtlich geschützten Zeichen und Produkte von L.R.Hubbard vergibt Lizenzen und überwacht die Verwendung

WATCHDOG-COMITTEE

International Scientology Management

Flag Command Office mit Sitz in Los Angeles
organisiert alle Planungen der sc. Dienstleistungen und überwacht die Durchführung

IAS	**OSA**	**SEA-Org**
(International Association of Scientologists) • Zusammenschluss der Mitglieder auf Lebenszeit • Verwaltung der Mitgliedsbeiträge, sog. „Kriegskasse"	(Office of Special Affairs) • Geheimdienst, zuständig für die „Handhabung" von Aussteigern und Kritikern	Paramilitärisch auftretende Elitetruppe

Kontinentale Verbindungsbüros
Europäischer Sitz ist Kopenhagen

CSI	**WISE**	**ABLE**
(Church of Scientology International) vereint alle „kirchlichen Dienstleistungsunternehmen" wie ⇨ „Celebrity Centers": Betreuung prominenter Mitglieder ⇨ „Kirchen" ⇨ „Missionen" ⇨ „Dianetik Beratungszentren"	(World Institute of Scientology Enterprises) Dachverband für alle sc. Wirtschaftsunternehmen	(Association for Better Living an Education) – Dachverband für Umsetzung sc. Prinzipien im Bereich von Bildung, Kultur und Sozialem ⇨ „Narconon" – gegen Drogenabhängigkeit ⇨ „ZIEL" – Nachhilfe für lernschwache Schulkinder ⇨ „KVPM" – Bekämpfung von Missständen in Psychiatrie ⇨ „Criminon" – Rehabilitierung von Straftätern

1. *Begriffe wie z. B. Engel und Mensch, Stern und Erkenntnis gibt es in den bekannten Weltreligionen wie auf dem „Markt der Heilsangebote". Der „Markt" hat sie oft sogar von den Religionen übernommen. Aber gebraucht er sie auch im selben Sinn? Setzt euch mit der Verwendung einzelner Begriffe in den drei vorgestellten Heilsversprechungen des „Marktes" Satanismus, Esoterik/New Age und Scientology auseinander! Zieht dazu das kleine Lexikon (S. 75–77), frühere Sachtexte dieser Lehrplaneinheit und die S. 145f. heran.*

2a. Für die Vorstellung vom Teufel könnt ihr es ausführlicher machen (vgl. S. 76f.). Schlagt in der Bibel nach, welche Namen dem Teufel gegeben werden bzw. womit er verglichen wird: Gen 3,4; 1Chr 21,1; 1Sam 16,14; Ez 28,12; Jes 14,12; Mt 4,1; 12,12.43; 13,19.39; Joh 8,44; 12,31; Eph 2,2; 6,12; 2Kor 4,4; 6,15; Kol 1,13; 1Petr 5,8; Offb 9,11; 12,3.9.10.

■ b. Vergleicht Bilder mit Teufelsdarstellungen verschiedener Jahrhunderte und unterschiedlicher Kulturkreise. Ihr könnt auch literarische Darstellungen heranziehen.

3. Wo seht ihr beim Satanismus, bei Esoterik bzw. New Age und Scientology Bedenkenswertes, wo Verführerisches, wo Gefährliches?

Kleines Lexikon wichtiger Begriffe

Astralleib – meint die esoterische Vorstellung, dass der Mensch und alles Lebendige neben dem sichtbaren materiellen Körper einen zweiten feinstofflich-geistigen, unsterblichen Leib habe. Diesen können angeblich medial Begabte sehen und sogar fotografieren.

Astrologie – Sterndeutung ist ein okkultes Deutesystem für Ereignisse auf der Welt und im Leben des Menschen. Es stellt einen ursächlichen Zusammenhang her zwischen dem Stand der Gestirne und Ereignissen wie Kriegen und Frieden oder Zeiten des Glücks oder des Unglücks. Die zentrale These in Bezug auf den Menschen lautet: das Schicksal und der Charakter werden von der Konstellation der Gestirne zum Zeitpunkt und am Ort der Geburt bestimmt. Astrologen erstellen deshalb Geburts-*Horoskope*. In der astrologischen Anschauung werden dem Sonnenstand und den Planeten Wesenskräfte zugeschrieben. Mars steht z.B. für Aktivität, Merkur für Intellekt und Saturn für Erfahrung. Man muss zwischen individuell erstellten Horoskopen und den Massenhoroskopen in Zeitschriften unterscheiden.
Die Astrologie bei uns geht auf die uralte *Astralreligion des Vorderen Orients* zurück. Sie sah in den Gestirnen Götter. Priester und Sterndeuter waren dort ständig damit beschäftigt, aus der Konstellation der Gestirne den Willen der Götter und das Geschick der Menschen zu deuten. Spuren von Astrologie finden sich im AT (z.B. 2 Kön 21,2 ff.) und im NT („Hl. Drei Könige"). Aber *die Bibel* lehnt die astrologische Weltanschauung ab. Nach Gen 1 sind die Gestirne keine Götter, sondern von Gott geschaffene Lampen. Sie haben irdische Funktionen (sie sollen „leuchten") und verherrlichen durch ihre Dienstleistung ihren Schöpfer (Ijob 38,7). Der Mensch braucht sie nicht kultisch zu verehren, sondern darf sie ohne Frevel nützen und wissenschaftlich erforschen.

Aura – heißt die esoterische Vorstellung, dass den menschlichen Körper ein geistiger Licht- oder Wolkenkranz umgibt.

Brahman – ist im Hinduismus die Bezeichnung für den Allgeist, die unpersönliche Gottheit, die als innerste beständige Substanz allem zu Grunde liegt. Der Teil Brahmans, der sich in einem Einzelwesen (Gott, Mensch, Tier, Pflanze) verleiblicht („inkarniert"), heißt Atman. Dieser wechselt bei jeder Wiedergeburt die Leiber, wie der Mensch die Kleider. Das Gesetz, das die Zahl der Wiedergeburten regelt, ist das *Karma*. Erst wenn alles Karma abgearbeitet ist, entgeht das Lebewesen dem Kreislauf der Wiedergeburt, „Reinkarnation" (vgl. S. 134).

Chakra, plur. Chakren – nennen Esoteriker sieben Punkte des Körpers, an denen dieser mit dem Astralleib verbunden sein soll. Diese Punkte gelten als Energiezentren. Mit Hilfe bestimmter Techniken und Mittel, z.B. mit Pyramiden aus Kristall, soll man die Chakren günstig beeinflussen und damit zur Harmonie von Geist und Körper beitragen können. Von Chakren ist auch *in der hinduistischen Weltdeutung* die Rede. Danach ruht die spirituelle Kraft des Menschen eingerollt wie eine Schlange am unteren Ende der Wirbelsäule. Diese muss durch verschiedene Techniken (Yoga) bis zum siebten Chakra über dem Scheitel hinaufgeführt werden. Dann vereinigt sie sich mit der Hindugottheit Shiva, die dort ihren Sitz hat (vgl. Zeichnung auf S. 56).

Dämonen – griech. „Teiler, Zerteiler, Zuteiler" – stellt man sich als tierisch-menschliche Mischwesen vor, die der Macht nach zwischen Göttern und Menschen stehen. *In der altorientalischen Weltvorstellung* verkörperten sie das Böse, das seit ewiger Zeit mit dem Guten um die Beherrschung der Welt ringt. Sie galten als Ursache für Naturkatastrophen, Unglück, Krankheiten und den Tod. Deshalb beschwor man sie mit magischen Ritualen. Weil die Menschen, die *die Bibel* aufschrieben, der gleichen altorientalischen Weltvorstellung verhaftet waren, ist darin auch von Dämonen die Rede, aber in der Bibel sind sie Gott absolut unterlegen. Er hatte sie als gute Engel geschaffen (Offb 12,7ff.), aber sie haben sich in freier Entscheidung gegen ihn aufgelehnt. Deshalb hat Gott sie gestürzt. Nun versuchen sie auf der Erde Unheil zu stiften und die Menschen gegen Gott aufzubringen. Wenn der Mensch versucht mit Magie und Zauberei etwas gegen die Dämonen auszurichten, dann ist das für die Bibel der falsche Weg. Magie wird als Abfall vom Glauben an Jahwe bezeichnet. Der einzige Weg ist Gott vertrauen, denn er allein hat Macht (Dtn 18,10; 1 Sam 15,23) und verdient Vertrauen. Die Evangelien erzählen, dass Jesus viele geheilt hat, von denen man sagte, sie seien von Dämonen besessen.

Engel – *in fast allen Religionen* findet sich die Vorstellung von Engeln als den Göttern dienende, menschengestaltige Geistwesen. Sie gehören der übernatürlichen Sphäre an. Ihr Erscheinen löst zunächst meist Erschrecken aus. Sie erscheinen als Götterboten im Traum und vermitteln Botschaften, sie greifen als „Schutzengel" ins Leben ein. Sie bilden den göttlichen Hofstaat. In all diesen Funktionen kommen die Engel auch *in der Bibel* vor. Sie haben Anteil an Gottes Herrlichkeit (Jes 6,1ff), vollziehen aber nur seinen Willen (Hebr 1,14), Gott allein gebührt Anbetung (Offb 19,10). Mit Hilfe der Vorstellung von Engeln bringt die Bibel zum Ausdruck, dass Gott absolut weltüberlegen ist und zugleich dass er für die Menschen erfahrbar und ihnen nahe ist.
Seit der Aufklärungszeit können viele Menschen mit Engeln wenig anfangen. Doch in der Volksfrömmigkeit und Kunst blieben sie erhalten, gelegentlich, wie im Barock, verniedlicht (vgl. S. 167f.) bzw., wie in der heutigen Werbung, verkitscht. Von ihrer ursprünglichen Bedeutung scheint heute etwas durch bei der Bezeichnung „Gelbe Engel" für die Helfer im Straßenverkehr oder beim „Blauen Engel" für umweltverträgliche Produkte. Vielen religiösen Menschen hilft das Vertrauen auf ihren guten Engel, den Schutzengel.

Gaia – griech. „Erde", heißt die Verkörperung der Materie und der Natur. Sie wird in vielen Kulturen als die große Mutter-Gottheit verehrt, aus der alles auch der Mensch hervorgeht und in deren Schoß alles beim Tod heimkehrt. *In der Bibel* ist die Erde keine Gottheit, sondern Schöpfungswerk Gottes, Natur, dem Menschen zur Hege und Pflege anvertraut (Gen 2,15).

Gnosis – griech. „Erkenntnis", meint eine Weltanschauung, in der der Mensch sich durch Erkennen selbst erlöst. Dazu gehört, dass man erkennt, wer man ist, woher man kommt und wohin man eigentlich gehört. Der Gnostiker erkennt: Er ist ein göttliches Wesen, hat dies aber vergessen und sich vom Kerker des Leibes und der Triebe bestimmen und vom schönen Schein der Welt täuschen lassen. Seitdem lebt er in Unwissenheit über sein wahres Sein. Die Gnosis lehrt den Menschen, wie er durch bestimmte Übungen über alles Irdische erhaben wird und sich so selbst erlöst. Damit lenkt er zugleich den Entwicklungsprozess der Erde mit. Der Gnostiker muss niemand glauben, er muss nur seinem eigenen Erkennen vertrauen.

Karma – umfasst im Hinduismus und Buddhismus alles, was mit dem Tun des Menschen zusammenhängt. Jede Tat hat Ursachen, die ihr vorangehen, und Wirkungen, die nach der Tat weiterbestehen. Die Wirkungen bilden neues Sein, das selbst wieder Ursache von neuen Wirkungen wird. Was ein Mensch jetzt ist und tut, hat seine Ursache in früheren Taten und hat Folgen für seine Zukunft. Der Mensch übernimmt bei der Geburt bereits das Karma aus seinem früheren Leben und dieses bestimmt die Umstände seines neuen Lebens nach seiner Wiedergeburt. *Ziel des Hindu* ist, durch Opfer und verdienstliche Werke, durch Riten und Askese nur noch gutes Karma anzusammeln und sich so selbst aus dem Kreislauf der Wiedergeburten zu erlösen und ins Nirwana einzugehen. *Ziel des Buddhisten* ist überhaupt kein Karma mehr anzusammeln. Dazu muss er erkennen, dass alles Existierende nur Schein ist. Da es keine Wirklichkeit hat, lohnt es nicht, sich an etwas oder an jemand zu hängen. Diese Erkenntnis führt ins Ausgelöschtwerden oder Verwehen, ins *Nirwana*.

Luzifer – lat. „Lichtträger", wurde in der Antike die Bezeichnung für den Morgenstern. Seinen Aufgang am Morgen und seinen Untergang am Abend verstand man als ein personales Geschehen, nämlich als die Geschichte vom Aufstieg und Sturz eines Gottes, der hochmutig frevelt und dafür bestraft wird. *Die Bibel* wandte diese Vorstellung auf den Satan an, den sie als von Gott gestürzten Engel/Dämon ansah (Jes 14,12-15; Lk 10,18). Seitdem ist Luzifer ein anderer Name für den *Satan/Teufel*.

Magie – versucht mit Hilfe von Zauberei, von Berührung und Beschwörung Gegenstände mit Kraft aufzuladen, Fetische herzustellen und Ereignisse zu beeinflussen. Damit sollen die übernatürlichen Kräfte, die sich eigentlich menschlicher Verfügbarkeit entziehen, dem Willen der Menschen unterworfen werden. Schon allein durch den richtigen Vollzug der Praktiken soll die

Wirkung eintreten. „Schwarze Magie" soll dem Fluch, „weiße Magie" der Heilung dienen. Um dem Ganzen religiöse Autorität zu verleihen, werden in esoterischen Kreisen oft Zauberformeln und Handlungsanweisungen aus einem Buch benutzt, das zwar „6. und 7. Buch Mose" heißt, aber nicht zu den Schriften der Bibel gehört. Die Bibel untersagt Magie

Meditation – ist in vielen Kulturen die Sammelbezeichnung für die Einübung von Wegen zur Versenkung. Ihr Ziel ist sich selbst zu finden bzw. zur Erfahrung der Begegnung mit dem Urgrund der Existenz, mit der Gottheit zu gelangen.
Für *die Griechen der Antike* war der Ort der Meditation nicht die Betrachtung in der Abgeschiedenheit, sondern das Gespräch. Sie feierten die Vereinigung mit der Gottheit, indem sie mythische Erzählungen über die Gottheit nachspielten bzw. sich in Rausch und Ekstase brachten. *In der jüdischen Religion* wird der Meditation von Versen der Bibel eine übernatürliche Wirkung zugeschrieben. Man liest z.B. einzelne Worte aus einem Psalm, „kaut sie immer und immer wieder" und wippt dazu mit dem Oberkörper. Einer Sonderform der Meditation ging die jüdische Kabbala nach; sie verstand die ganze hebräische Bibel, ihre Worte, Buchstaben und Zahlen, als Beschreibungen von göttlichen Wirkkräften und Ordnungen, die man meditierend zu entschlüsseln sucht. *In der christlichen Meditation* sucht der Glaubende mit Gott in Beziehung zu treten: z.B. durch Betrachten der Heilstaten Gottes in der Heiligen Schrift, durch Beten, Singen und stille Versenkung. Zur Unterstützung der Konzentration werden Hilfsmittel, wie Bilder oder Gebetsketten, benutzt. Im Mittelpunkt *buddhistischer Meditation* steht der Gedanke der „Achtsamkeit", d.h. alles, was man tut, muss voll bewusst, ohne anderen Zweck und ohne Abschweifung des Geistes, getan werden; dabei soll man gewahr werden, dass nichts bleibt, wie es eben war und jetzt ist, dass nichts Bestand hat, auch nicht das, was man als sein Ich zu spüren meint, sondern dass alles vergeht, im *Nirwana* verlöscht. Im *Hinduismus* ist Meditation eine Art des *Yoga* (sanskr. „unterjochen"). Durch Sitzhaltung und Kontrolle des Atems, durch Zucht und Selbstbeherrschung sollen die Sinne von den Objekten abgewendet werden. Der menschliche Geist soll völlig zur Ruhe kom-

men. Das ist Bedingung, damit er sein wahres göttliches Sein in sich erkennt und frei für die Vereinigung mit Brahman im *Nirwana* wird.

Mystik – griech. „das, worüber man nicht spricht; Mysterium, Geheimnis". In allen großen Religionen gibt es mystische Strömungen. Die christliche Tradition versteht darunter die Erfahrung der Einheit mit Gott durch Jesus Christus. Der Apostel Paulus schreibt: „Nicht mehr ich lebe, sondern Christus lebt in mir" (Gal 2,20). Ein klassisches Bild für das mystische Erleben ist das der Bergbesteigung. Es verdeutlicht: der mystische Weg ist mühsam, vollzieht sich schrittweise, die erreichte Etappe muß immer wieder verlassen werden und auch wenn man auf dem Gipfel angekommen ist, kann man dort nicht bleiben. Das bedeutet für die *christliche Mystik*: Die mystischen Erfahrungen sind immer nur Annäherungen an das Geheimnis Gott. Christliche Mystiker erzählen von der Erfahrung, dass jeder, der Gott wirklich nahe kommt, erst begreift, wie unendlich viel größer Gott ist und wie sehr er selber ein sündiger Mensch bleibt. Der christliche Mystiker darf seine Erfahrung nicht egoistisch nur zum eigenen Heil nutzen. Er kann Gott nicht lieben, wenn er nicht auch die Menschen liebt.

Pentagramm – Stern mit fünf Ecken und der Spitze nach oben; in der Antike war es ein Symbol für Gesundheit. Die Germanen verwendeten den „Fünfspitz" als Schutzzeichen gegen Dämonen. Im Mittelalter wurde er zur Abwehr von Dämonen (Nachtgeistern, Hexen) verwendet, die man Druden nannte. Von daher wird das Pentagramm auch *Drudenfuß* genannt. Auf die Spitze gestellt soll das Zeichen den Kontakt zu Dämonen herstellen können.

Satan/Teufel – das deutsche Wort geht auf das griechische „diabolos", der „Durcheinanderwerfer", der „Chaosbringer" zurück; in der Bibel wird er der Satan genannt. Außerhalb von ihr, im *Hellenismus und Alten Orient*, war zwar nicht vom Teufel die Rede, wohl aber von einem Anführer der bösen Götter und Dämonen, dessen Kampf mit den guten Göttern um die Herrschaft in der Welt alles Leben bestimmte. Sein Programm war Zwietracht säen, Zerstörung und Vernichtung. Die Menschen stellten sich die teuflischen Götter als scheußliche, stinkende, Gift, Galle und Feuer speiende, lüsterne, drachenartige Tier-Mensch-Mischwesen vor mit Bocksfüßen, Hörnern und Schwänzen.

In der Bibel ist der Teufel eine Randfigur, Gott steht im Mittelpunkt. In der kirchlichen Verkündigung war es früher oft umgekehrt. Der Teufel tritt als Ankläger des Menschen vor Gott auf (vgl. Ijob). Er verkörpert die Versuchung des Menschen zum Ungehorsam gegen Gott (vgl. Paradieserzählung). Sein Ziel ist die Verführung des Menschen dazu, in Besitz, Ehre und Macht den Sinn des Lebens zu sehen (vgl. die Versuchung Jesu). Für die Menschen der biblischen Zeit galten bestimmte Krankheiten, wie Lähmungen und Besessenheit, als vom Teufel verursacht. Auf der anderen Seite ist es in der Bibel ganz klar: Der Teufel ist kein ebenbürtiger Gegenspieler Gottes, er ist ihm eindeutig unterstellt; er kann Gott nichts Böses entgegensetzen, das Bestand hat; ja, das Böse ist durch Jesus bereits grundsätzlich entmachtet. Insofern kann es für Christen keinen Teufelsglauben geben, sondern nur das Vertrauen auf Gott.

Viele heutige Menschen können mit der Figur des Teufels nichts mehr anfangen. Dennoch ist die Realität des Bösen in der Welt unübersehbar und unbegreiflich (vgl. S. 83ff.) Vielleicht kann die Rede vom Teufel eine Vorstellungshilfe für das Böse sein. Manche Bosheit ist so gehässig, dass wir sie „teuflisch" nennen, und bei manchen Gemeinheiten sagen wir, dass den Urheber „der Teufel geritten" haben muss. Manche meinen, man solle die Rede vom Teufel ganz aufgeben oder zumindest nur sehr zurückhaltend verwenden, damit die Verantwortlichkeit des Menschen für das Böse bewusst bleibt.

Auf der Suche nach der Wahrheit – Kriterien der Bibel

Gal 4,8-10; 5,1	Warum bringen okkult-esoterische Heilslehren nichts?
2 Kor 4,1-18; Röm 8,31-39	Wie kann man seinen Glauben begründen?
1 Tim 4,1-11; 6,20 f.	Was hilft, was rettet, was ist gefährlich?
Mt 18,23-35; Mk 14,66-71; Lk 22,1-6	Warum handeln Menschen böse?
Mt 7,15-23; Jer 23,16-29	Was unterscheidet den wahren Propheten vom falschen?
2Kor 5,1-7; Hebr 11,1	Was bedeutet eigentlich „glauben"?
Ps 8; Lk 12,13-21	Kann sich der Mensch den Sinn seines Lebens erarbeiten?
1 Sam 28	Kann man mit Totenbefragung sein Schicksal beeinflussen?
Mt 7,13-14; 1 Joh 4,1-21	Woran erkennt man, welcher Weg der rechte ist?
Mt 4,1-11; Offb 12,7-12	Wer kann das Böse besiegen?
Dtn 18,9-16	Warum sind okkulte Praktiken nicht gut?

⇨ *Welche Anhaltspunkte finden sich in den aufgeführten Texten der Bibel für den Umgang mit okkult-esoterischen Heilsversprechungen und für ihre Beurteilung?*

Die sog. „neuen Heilslehren" sprechen auch von Harmonie und Liebe, von Geist und Heil, von göttlichem Kosmos und wahrer Erkenntnis und von Erlösung. Das klingt schön und gut, aber ist es das bei ihnen auch? Der Apostel Paulus gibt folgenden grundsätzlichen Rat: „Prüfet alles und behaltet das Gute" (1 Thess 5,21), d.h. er traut unserem Urteilsvermögen einiges zu. Der folgende Text nennt dafür einige Kriterien:

„Liebe ist primär nicht irgendein diffuses Gefühl der Sympathie oder ein kosmischer Lebensstrom, der sich durch die ganze Wirklichkeit ergießt und alles belebt … Erst wenn wir hinter den Dingen unserer Welt ein liebendes Du wahrnehmen dürfen, das allem seinen tiefen, unergründlichen und unerschöpflichen Geheimnischarakter verleiht, werden auch die Natur und der Kosmos für uns heilend. Nur eine solche Liebe verdient „Glauben" im Sinne des umfassenden Sich-Öffnens, Sich-Anvertrauens und Sich-Einlassens auf die Wirklichkeit.

Konkret: Worauf ich mich im Leben, im Älterwerden und Sterben vorbehaltlos verlassen kann, worauf ich mein ganzes Leben verlässlich setzen und bauen kann, so dass es heil und ganz wird, das sind nicht meine tiefen Erkenntnisse, meine seelischen Selbsterfahrungen und weltanschaulichen Systeme, letztlich auch nicht die Natur, der Kosmos und die evolutive Kraft des Lebendigen. Das alles „hat ein Ende" (1 Kor 13,8).

Was unbedingt und unendlich trägt, ist allein die Zusage einer Liebe, die mich z.B. in meinen Erfolgen und Glückserfahrungen dankbar und demütig (und damit wirklich human) sein lässt; die mich in meinen liebenden Beziehungen und in meinem sittlichen Handeln verantwortlich und frei sein lässt; die mich, wenn ich krank oder behindert, einsam oder dem Sterben ausgeliefert bin, nicht der Nutzlosigkeit preisgibt; die mich in meiner Schuld und Erbärmlichkeit in barmherzigem Vergeben aufnimmt; die mich in der ganzen fragmentarischen Unvollkommenheit meines Selbst annimmt und mich dadurch heil und ganz macht. Erst dieses Ganz- und Heilsein-Dürfen befähigt mich zugleich zum Weiterverschenken der empfangenen Liebe, so dass auch mein liebendes Tun für andere „glaubhaft" sein kann.

Der Christ begegnet dieser rundum heilenden Liebe in Jesus Christus. Die Liebe, die von diesem Menschen (damals und heute!) ausgeht, verdankt er selbst einem personalen Ursprung unendlicher Liebe, den er ‚Vater‘ nennt."

Medard Kehl, katholischer Theologe

VI. Manches Marktangebot tut nicht gut

Ein Jugendmagazin interviewte fünf jugendliche Aussteiger aus Sekten bzw. Jugendreligionen

X-MAG: Ihr wart alle in einer Sekte oder religiösen Sondergemeinschaft. Wie seid ihr da reingekommen?

Sonja: Ich war in einer persönlichen Krise. Nach außen lief alles sehr gut, ich hatte Erfolg, war aber einsam. Ich habe mir viele Fragen gestellt, auf die wir Menschen keine Antwort bekommen können. Diese Fragen haben mich verrückt gemacht. Ich bin dann in einen Yoga-Kurs gegangen. Mein Lehrer war ein Krishna.

Margot: Ich war 17, als mich ein Mädchen ansprach, ob ich mir Gedanken über den Sinn des Lebens machen würde. Natürlich machte ich mir Gedanken, warum es Krieg und so viel Elend gibt. Sie sagte mir: „Es gibt eine Möglichkeit, eine bessere Welt aufzubauen, wenn wir alle daran mitarbeiten." Ich bin dann zu einem Vortrag über „Die göttlichen Prinzipien" gegangen und wurde danach zu einem Wochenendseminar eingeladen. Meinen Eltern sollte ich aber sagen, dass ich zu einer christlichen Jugendgruppe gehe.

X-MAG: Bist du da nicht stutzig geworden?

Margot: Ich denke, das war schon der erste Fehler. Ich hätte die Wahrheit sagen sollen. Weil ich mit einer Lüge angefangen hatte, war es für mich auch leichter reinzurutschen…

X-MAG: Wie war's bei dir, Sonja?

Sonja: Krishna war die Antwort auf alle Fragen. Im Tempel bekommt man gesagt: Du bist auserwählt. Nach Krishna ist die Identifizierung mit dem Körper Teufelswerk, man muss sich mit der Seele identifizieren. So entsteht ein Elitebewusstsein, man wird völlig identitätslos.

X-MAG: Aber am Anfang hast du das noch nicht gewusst…

Sonja: Nein, am Anfang ist es exotisch und verlockend: der Duft der Räucherstäbchen, die Musik…

X-MAG: Wie ist das, wenn man in die Sekte reingeboren wurde?

Barbara: Ganz normal, bis man in die Schule kommt und mit dem Weltlichen konfrontiert wird. Die Kinder konnten ins Freibad, durften hierhin und dorthin. Man sieht ihre Freiheiten. Sieht, was es heißt, keine Freizeit zu haben, Außenseiter zu sein.

Markus: Bei uns hat man seine ganze Handlungsweise nach der Neuapostolischen Lehre gerichtet: Wie sieht das die Kirche? Darf ich das?

X-MAG: Was war verboten und erlaubt?

Markus: Normalerweise mussten wir dreimal in der Woche in die Kirche und wenn man da nicht hin ist, dann hieß es gleich: „Wo warst du denn?"

X-MAG: War der ganze Alltag rigoros geregelt?

Margot: Wir hatten keine Zeit zum Nachdenken – um sechs Uhr aufstehen, Frühgebet, zur Arbeit gehen, mittags und nach der Arbeit auf der Straße Leute ansprechen und zu den Vorträgen einladen, abends die göttlichen Prinzipien lehren, Abendge-

Woran du merkst, daß du an eine Sekte geraten bist – Eine Checkliste

Bei der Gruppe findest Du exakt das, was Du bisher vergeblich gesucht hast. Sie weiß erstaunlich genau, was Dir fehlt.

Schon der erste Kontakt eröffnet Dir eine völlig neue Sicht der Dinge.

Das Weltbild der Gruppe ist verblüffend einfach und erklärt jedes Problem.

Es ist schwer, sich ein genaues Bild von der Gruppe zu machen. Du sollst nicht nachdenken und prüfen. Deine neuen Freunde sagen: Das kann man nicht erklären …

bet, um zwölf war man fertig. Am Wochenende mussten wir noch mehr missionieren. Hatte man kritische Gedanken, waren die vom Satan. Sprach man sie aus, gab es Ärger. Du denkst dann, mit dir stimmt was nicht, weil nur du so denkst.

X-MAG: Macht die Mun-Sekte das immer noch so?

Margot: Soviel ich weiß, machten die Munies in letzter Zeit Homechurch, also Haustürmissionierung wie die Zeugen Jehovas. Das heißt von Tür zu Tür gehen und notieren, wo man rausgeworfen wurde oder bleiben durfte. In einer bestimmten Zeit musste eine bestimmte Zahl von Leuten besucht werden.

Sonja: Ich musste alles aufgeben: Einstellung, Kleidung, Freunde, Hobbys. Du brichst mit deinem ganzen früheren Leben, weil es des Teufels ist. Wenn ich Fragen hatte, richtete ich sie an meinen Meister. Aber sie wurden eigentlich nie beantwortet, er hat mich sofort mit neuem Wissen zugeschüttet und da habe ich die Zweifel dann vergessen.

X-MAG: Wie sahen denn die Vorschriften aus?

Sonja: Täglich musste man 1738 Mal den Mantra chanten, das heißt „Hare Krishna, Hare Krishna, Krishna, Krishna, Hare, Hare, Hare Rama, Hare Rama, Rama, Rama, Hare, Hare" singen. Kamen einem irgendwelche „Teufelsgedanken", musste man die sofort mit einem weiteren Mantra wegmachen. Selbst für das Essen gibt es Regeln: Rein vegetarisch. Du kochst ja nicht für dich, sondern für Krishna und musst dabei ein Krishna-Lied singen. Ist das Essen fertig, musst du es Krishna weihen – warten, bis er es probiert hat, und wenn es kalt ist, darfst du es essen *(allgemeines Gelächter)*. Außerdem gab es Bücher und Zeitschriften aus dem eigenen Verlag, die man kaufen und lesen musste. Da kommt nichts anderes mehr in den Kopf als Krishna.

Barbara: Wir mussten nachmittags lesen oder für die Versammlung studieren. Wir hatten drei Zusammenkünfte in der Woche. Die Bücher und Zeitschriften waren von der Wachtturmgesellschaft. Donnerstags wurden wir immer geschult, wie wir die Leute belästigen sollten. Abends, wenn alle da waren, gingen wir für ein bis zwei Stunden zum Predigtdienst. Und bevor es ins Bett ging, wurde gebetet und Jehova gebeichtet. Ich bin nachts oft aufgewacht, weil ich nicht gebetet hatte. Ich konnte dann vor lauter schlechtem Gewissen nicht schlafen und habe die ganze Nacht gebetet.

Peter: Bei uns war es ähnlich. Dienstags ging man früher zum Einladen von Tür zu Tür. Heute wird das subtiler gemacht, zum Beispiel mit Gästesingen oder -gottesdienst als öffentliche Veranstaltung.

Markus: Die Fremden werden nett empfangen, an den Platz begleitet und vier Wochen später besucht.

Sonja: Die Krishnas sagen nichts, wenn Neue kommen und halten sich fern. Das hat auch starke Wirkung. Die Interessierten sind dann dankbar, wenn sich ein Krishna herablässt und mit ihnen spricht.

Margot: Da zieht sich ein roter Faden durch: immer nur die Bücher lesen, die dazugehören. Wir durften jahrelang auch nur „Die göttlichen Prinzipien" lesen.

X-MAG: Wie sieht es finanziell aus?

Margot: Alles gibt man ab!

Peter: Bei den Neuapostolen sollen zehn Prozent des Bruttoeinkommens an die Kirche abgeführt werden. Ich kenn' Leute, die geben weniger, und es gibt andere, die geben mehr.

Sonja: Bei den Krishnas musste man früher 60 Prozent des Einkommens abgeben, heute betragen die monatlichen Mitgliedsbeiträge zwischen 65 und 250 Mark. Aber die machen schon ihre Kohle: In den indischen Shops in den Tempeln verkaufen sie spirituelle Ware wie heiliges Wasser aus dem Ganges für 5000 Mark. Und sonntags ist der Tempel gegen zehn Mark Eintritt für jeden zugänglich. Und es wird viel gespendet.

Barbara: Bei den Zeugen wird man jede Woche zum Spenden aufgefordert, es steht immer einer daneben und sieht nach. Die Zeitschriften und Bücher gibt es offiziell umsonst, aber wir bezahlen per Spende dafür.

X-MAG: Wie hat die Umwelt auf euch reagiert?

Barbara: Ich habe darunter gelitten. Die haben mich nicht verstanden und ich hab' deren Meinung nicht verstanden.

Markus: Ich war der einzige in der Klasse, der nicht in Religion war, das allein grenzt schon aus. Und auch, dass ich sonntags nie mit ins Kino konnte. Ich habe mich eigentlich ganz gut mit den Kumpels verstanden, aber seit ich draußen bin, sind alle viel

Die Gruppe hat eine Meister, ein Medium, einen Führer oder Guru, der allein im Besitz der ganzen Wahrheit ist.

Die Lehre der Gruppe gilt als einzig echtes, ewig wahres Wissen. Die etablierte Wissenschaft und der Verstand werden abgelehnt.

Kritik durch Außenstehende wird als Beweis betrachtet, dass die Gruppe recht hat.

Die Welt treibt auf eine Katastrophe zu, und nur die Gruppe weiß, wie man die Welt retten kann.

Deine Gruppe ist die Elite und die übrige Menschheit ist krank und verloren – solange sie nicht mitmacht.

Du sollst sofort einsteigen. Man ist drinnen oder draußen, abwarten gilt nicht.

Die Gruppe grenzt sich von der übrigen Welt ab, etwa durch Kleidung und enge Reglementierung zwischenmenschlicher Beziehungen.

Die Gruppe will, dass Du alle alten Beziehungen abbrichst, weil sie Deine Entwicklung behindern.

Dein Sexualverhalten wird Dir exakt vorgeschrieben, etwa Partnerwahl durch die Leitung, Gruppensex oder auch totale Enthaltsamkeit.

Die Gruppe füllt Deine gesamte Zeit mit Aufgaben: Bücherverkauf, Werben neuer Mitglieder, Kursbesuche, Meditation.

Es ist schwer, allein zu sein – jemand aus der Gruppe ist immer bei Dir.

Wenn Du zweifelst, bist Du selbst schuld; weil Du Dich angeblich nicht genug einsetzt, oder weil Du nicht stark genug glaubst.

Die Gruppe verlangt strikte Befolgung ihrer Regeln und Disziplinen – als einzigen Weg zur Rettung.

offener und sprechen mit mir über Themen, über die sie früher nie mit mir geredet hätten.

X-MAG: Wie ist das generell mit Kino oder Theater?

Peter: Verboten. Die sagen zwar, es sei nicht so, argumentieren aber hintenherum: Im dunklen Kino könnte dich der Herr Jesus übersehen, oder wenn du im Fasching verkleidet bist, dich nicht erkennen und dann nicht mitnehmen. Das hält die Neuapostolischen an der Kandare: Die Wiederkunft Jesu könnte jeden Augenblick sein. Die Angst, einen Gottesdienst zu verpassen und bei der erwählten Schar zu nicht zu sein, ist extrem.

Margot: In der Mun-Sekte durften wir nur die Boxfilme mit Sylvester Stallone ansehen. Wir sollten ja Kampfgeist gegen das Böse entwickeln. (allgemeines Gelächter).

X-MAG: Wie schafft man es rauszugehen, wenn man in der Sekte aufgewachsen ist?

Markus: Ich hatte das Glück, dass meine Eltern relativ freizügig sind. Dadurch habe ich auch die äußere „böse" Welt kennengelernt und die hat mir natürlich besser gefallen. Ich war zum Beispiel im Tennisclub.

X-MAG: Ging das so einfach?

Markus: Nein, ich habe auch jedesmal im Konfirmationsunterricht gesagt bekommen: „Das Tennisspielen passt nicht zu unserem Glauben". Aber als sie dann gecheckt haben, dass das gefährlich für sie wird, da war ich schon so weit, dass mir das mehr wert war als die Kirche.

X-MAG: Und dein Vater hat nicht einfach gesagt, wir gehen geschlossen aus der Kirche raus?

Peter: Ich habe jedem die Entscheidung selbst überlassen.

Barbara: Meine Eltern waren ziemlich streng nach den Lehren der Zeugen Jehovas und meine Mutter ist da ziemlich fanatisch.

X-MAG: Gibt es bei den Zeugen noch die Prügelstrafe?

Barbara: Ich weiß nicht, ob das immer noch so ist. Mein Vater hat mich oft verprügelt. Ich habe aber nie darüber geredet. Wenn man das erzählt, dann sagen sie, du hast es wohl verdient.

X-MAG: Die Religionsfreiheit ab 14 steht praktisch nur auf dem Papier, weil man noch bei den Eltern wohnt und von ihnen abhängig ist.

Markus: Meine Cousine zum Beispiel ist jetzt 14 und nur noch so halb-halb dabei, ein Grund, warum sie nicht austritt, ist, weil sie dann von der Oma kein Geburtstags- und Weihnachtsgeld mehr bekommt.

Margot: Ich habe mich nicht kaufen lassen. Als ich mit nur einem Koffer bei meiner Mutter ankam, hat sie gesagt, wenn du jetzt von dem Glauben loslässt, bekommst du von mir Geld. Aber ich habe gesagt, ich muss erst selbst damit ins Reine kommen und habe keinen Pfennig gekriegt.

X-MAG: Warum bist du ausgestiegen?

Margot: Ich war sechs Jahre für die Sekte in Afrika. Eines Tages habe ich dort vor allen gesagt, wir nehmen hier jede Schwierigkeit auf uns und auf einmal kommt aus Amerika die Anweisung: „Wann bringt ihr endlich Profit?" Ich sehe nicht ein, dass ich so leiden muss nur damit Geld nach Amerika kommt. Ab da hat keiner mehr mit mir gesprochen und kurz darauf sollte ich sofort nach Amerika. Dort wurde ich erst auf Eis gelegt und in Kurse gesteckt.

X-MAG: Wie bist du nach Deutschland zurückgekommen?

Margot: Man kann nicht abhauen, weil man seinen Pass bei der Sekte abgibt. Ich habe einen günstigen Zeitpunkt abgewartet, zu meinem Mann durfte ich ja noch nicht – man muss nach der Heirat drei Jahre getrennt leben. Ich arbeitete dann in einem Konferenzbüro und auf einer Konferenz in Portugal bekam ich nach einigem Hin und Her und damit ich keinen Ärger mache ein Zugticket nach Deutschland…

X-MAG: Bist du gleich raus?

Margot: Ich brauchte erst Ruhe und Arbeit. Das erste Jahr in Deutschland habe ich nur gearbeitet und geschlafen. Dann kam die Sekte auf mich zu: Ich müsse nach Frankfurt kommen und Buße tun, dann dürfe ich mit meinem Mann zusammen sein. Meine Mutter sagte nur: „Du hast zwölf Jahre umsonst für die gearbeitet, wofür willst du Buße tun?" Daraufhin habe ich mir in einer anderen Stadt ein neues Leben aufgebaut und die Scheidung eingereicht. Das war die endgültige Trennung.

X-MAG: Sonja, wie war dein Ausstieg?

Sonja: Mein damaliger Freund und jetziger Mann hat mich immer wieder mit der Realität, mit normalem Denken konfrontiert.

X-MAG: Wie lernt man jemanden kennen, der nicht in der Sekte ist?

Sonja: Wir kannten uns von früher. Die Krishnas haben mir immer wieder gesagt, er sei ein Repräsentant des Teufels. Und ich hab' ständig Krach angefangen und versucht ihn zu bekehren. Ohne seine Hartnäckigkeit wäre ich sicher noch dabei. Eines Tages hat er ein Buch über die Sekte und ihre Machenschaften entdeckt und daraufhin extrem eingegriffen. Er hat mir das Buch vorgeknallt, ich solle das lesen und endlich normal werden und hat mich in meinen Altar reingeschlagen, das war wie eine Deprogrammierung.

Barbara: Ich war noch bei den Zeugen, hatte mir aber schon überlegt, wie ich da rauskomme … und da kam er (Thomas) … Wir haben uns durch die Arbeit kennengelernt. Ich habe ihm alles erzählt und er konnte zuhören.

X-MAG: Und weiter?

Barbara: Ich bin, soweit ich konnte, nicht mehr in die Versammlung gegangen. Ich wurde dann von meinem Vater hingeprügelt – ich durfte auch nicht mehr allein zur Arbeit, die haben mich abgeholt, eingesperrt. Eines Tages bin ich von der Arbeit aus weg … Mit dem Austritt fingen die Probleme an. Telefonterror, Briefe und Vorhaltungen, die haben mich seelisch total fertiggemacht – ich wollte schon wieder nach Hause zurück…

X-MAG: Wie hast du es trotzdem geschafft?

Barbara: Thomas hat mich ganz weggeholt. Er liest viel kritische Literatur und sagte immer wieder: „Lies das doch mal". Und ich sagte dann immer, das stimmt doch nicht, was da drinsteht. Ich hatte die Lehren der Zeugen noch so in mir drin … Meine Eltern haben Thomas sehr schlecht gemacht – als vom Satan besessen. Irgendwann habe ich gedacht, so schlecht kann ein Mensch doch gar nicht sein.

X-MAG: Peter, bei euch geht der Bruch mitten durch die Familie.

Peter: Die Ehe hätte genauso gut auseinander gehen können, da wurde bis aufs Blut gekämpft. Meine Frau hat ihre Meinung, ich meine und jeder kann die des anderen zumindest stehen lassen. Mein Bruder aber hat mir nach meinem Ausstieg klipp und klar gesagt, dass er mit mir nichts mehr zu tun haben möchte.

X-MAG: Ist das die Angst, dass draußen nichts ist?

Peter: Das wird einem erst nachher bewusst. Ich habe vorher ganz normal mit den Leuten geredet und vier oder sechs Wochen später hat mich keiner mehr gekannt.

---

1. Das Interview wurde mit fünf Jugendlichen geführt, die früher zu den Zeugen Jehovas, zur Neuapostolischen Kirche, zur Mun-Sekte bzw. zu den Anhängern von Hare Krishna gehört hatten.

a. Stelle aus den Gesprächen zusammen, welche Regeln die Mitglieder jeweils zu befolgen hatten.

b. Erarbeite, aus welchen Gründen die Interviewpartner einst beitraten bzw. warum sie die Gruppe wieder verlassen haben.

2. Überprüft, inwieweit die Kriterien der „Checkliste" auf die vier vorgestellten Sekten zutreffen.

Woran man den wahren Heilsbringer erkennt

Wahre von falschen „Heilsbringern" und Propheten zu unterscheiden war schon in Israel ein Problem. Gleiches galt für die christlichen Gemeinden der frühen Kirche. In ihnen traten nach Jesu Tod verschiedene Gestalten auf, die alle die Erlangung des Heils versprachen. Dadurch wurden die Gläubigen verunsichert. Sie suchten nach einer Orientierung bzw. nach Argumentationshilfen bei der Auseinandersetzung mit solchen Heilsversprechern. Auf diesem historischen Hintergrund ist die Bildrede vom guten Hirten im Johannesevangelium zu lesen.

10 [1] Amen, amen, das sage ich euch: Wer in den Schafstall nicht durch die Tür hineingeht, sondern anderswo einsteigt, der ist ein Dieb und ein Räuber. [2] Wer aber durch die Tür hineingeht, ist der Hirte der Schafe. [3] Ihm öffnet der Türhüter und die Schafe hören auf seine Stimme; er ruft die Schafe, die ihm gehören, einzeln beim Namen und führt sie hinaus.

Interministerielle Arbeitsgruppe für Fragen sogenannter Sekten und Psychogruppen.
Ministerium für Kultus, Jugend und Sport Baden-Württemberg,
Abt. VI/4
Postfach 103442
70029 Stuttgart
Telefon 0711/279-2872
Fax 0711/279-2699

Diözese Rottenburg-Stuttgart
Religions- und Weltanschauungsfragen
Postfach 9
72101 Rottenburg a.N.
Telefon 07472/169-586
Fax 07472/169-609

Erzdiözese Freiburg –
Weltanschauungsfragen
Okenstr. 15
79108 Freiburg
Telefon 0761/5144-136
Fax 0761/5144-102

Sacherläuterungen zum Text Joh 10,1-15
„Hirt" – ein lebenswichtiger Beruf in Israel. Der Hirt war für den Bestand und das Wachstum seiner Herde verantwortlich. Er suchte nach Weide-

grund und führte zu den Wasserstellen; er sorgte für den Schutz in der Nacht, er kannte jedes seiner Schafe, Hirt und Herde bildeten eine Lebensgemeinschaft. Für Schäden und Verluste war er dem Herdenbesitzer haftbar. Manchmal heuerte der Hirt auf Zeit Hilfskräfte zu seiner Unterstützung an. Im Ersten Testament wird Gott als der einzige und wahre Hirt Israels bezeichnet, so dass ein Beter voll Vertrauen sprechen kann: „Der Herr ist mein Hirt, nichts wird mir mangeln" (Ps 23,1). Dagegen kritisieren die Propheten die religiösen und politischen Führer Israels als „falsche" Hirten. Sie weiden nämlich „nur sich selbst"; sie richten die Herde Gottes zugrunde und müssen abgesetzt werden (vgl. Ez 34,1 - 22,1). Deshalb setzt man seine Hoffnung auf einen „guten Hirten" aus dem Haus Davids, der am Ende der Zeit kommt (vgl. Ez 34,11-22).

„Schafherde" – in der Bibel Bild für das Volk Gottes. Schafe waren die meistverbreiteten Nutztiere in Israel; alles am Schaf war wertvoll. Es galt als gutes Tier, das aber ohne die Leitung des Hirten hilflos ist. Schafe waren auch die wichtigsten Opfertiere.

„Wolf" – war wegen seiner Wildheit, Raub- und Fresslust sehr ge-

[4] Wenn er alle seine Schafe hinausgetrieben hat, geht er ihnen voraus und die Schafe folgen ihm; denn sie kennen seine Stimme. [5] Einem Fremden aber werden sie nicht folgen, sondern sie werden vor ihm fliehen, weil sie die Stimme des Fremden nicht kennen. [6] Dieses Gleichnis erzählte ihnen Jesus; aber sie verstanden nicht den Sinn dessen, was er ihnen gesagt hatte.

[7] Weiter sagte Jesus zu ihnen: Amen, amen, ich sage euch: Ich bin die Tür zu den Schafen. [8] Alle, die vor mir kamen, sind Diebe und Räuber; aber die Schafe haben nicht auf sie gehört. [9] Ich bin die Tür; wer durch mich hineingeht, wird gerettet werden; er wird ein- und ausgehen und Weide finden. [10] Der Dieb kommt nur, um zu stehlen, zu schlachten und zu vernichten; ich bin gekommen, damit sie das Leben haben und es in Fülle haben.

[11] Ich bin der gute Hirt. Der gute Hirt gibt sein Leben hin für die Schafe. [12] Der bezahlte Knecht aber, der nicht Hirt ist und dem die Schafe nicht gehören, lässt die Schafe im Stich und flieht, wenn er den Wolf kommen sieht; und der Wolf reißt sie und jagt sie auseinander. Er flieht, [13] weil er nur ein bezahlter Knecht ist und ihm an den Schafen nichts liegt. [14] Ich bin der gute Hirt; ich kenne die Meinen und die Meinen kennen mich, [15] wie mich der Vater kennt und ich den Vater kenne; und ich gebe mein Leben hin für die Schafe.   *Joh 10,1-15*

3a. Lest Joh 10,1-15 nach; macht euch die für uns fremde Lebenswelt der Hirten und ihre Beziehung zur Herde mit Hilfe der Sacherläuterungen auf der Randspalte klar.

b. Vergleicht das Foto vom orientalischen Hirten mit themengleichen Bildern bei uns. Was sagt es über die Beziehung Herde-Hirt?

4. Erarbeitet, welchen Anspruch Jesus in dieser Bildrede an die Zuhörer stellt und wie er ihn untermauert. Woran sollen seine Zuhörer merken, dass sie ihm voll und ganz trauen können, und wovor warnt er?

5. Wendet Jesu Glaubwürdigkeitskriterien auf heutige Anbieter auf dem Markt der Heilslehren an.

Menschen sehnen sich nach Geborgenheit und Sicherheit. Diese Sehnsucht kann ausgenutzt und missbraucht werden: Der „Markt der Heilslehren" verspricht die Erfüllung der Sehnsucht durch Teilnahme an bestimmten Kursen, Sekten versprechen Heilssicherheit durch Zugehörigkeit zu ihnen, die Werbung verspricht das Glück durch den Kauf eines bestimmten Produkts. Nach aller Erfahrung ist gegenüber allen Versprechungen von letzter Sicherheit, ganzer Wahrheit und vollkommenem Glück Vorsicht geboten. Der Mensch ist nie zufrieden mit dem, was er hat. Der Blick in die Weltgeschichte zeigt, dass es nie eine paradiesische Zeit für alle Völker gab. Deshalb muss man skeptisch sein gegenüber Antworten, die sagen, dass die Natur sich selbst heilt oder dass der Mensch sich und die Erde vollkommen machen kann.

Der Christ nimmt die Unvollkommenheiten ernst, aber nicht einfach hin. Die Bibel sagt es realistisch: die Welt ist zwar durch Jesus Christus grundsätzlich bereits erlöst, aber noch nicht vollendet, Gott wird einmal alles endgültig zum Guten wenden. Damit verteilt der Glaube keine Beruhigungspillen und vertröstet auch nicht auf den Sankt-Nimmerleins-Tag, sondern fordert den Menschen auf an der Durchsetzung des Guten mitzuarbeiten. Rückschläge und Fehlschläge können kommen, aber sie machen die kleinen guten Schritte nicht umsonst, weil Gott sie vollendet. Darauf können Christen vertrauen. Die christliche Verkündigung darf nicht Angst und Panik machen, sondern muss Frohe Botschaft bleiben. Sie darf in Glaubensdingen keinen Zwang anwenden. Gott ruft wie der "gute Hirt", er lädt den Menschen ein sich für den Glauben zu entscheiden („komm und sieh").

So ist es nur konsequent, wenn die Kirche junge Menschen in dem Alter, in dem sie mündig werden, auffordert im *Sakrament der Firmung* nun selbst und bewusst Ja zu sagen zu dem in der Taufe begonnenen Glaubensweg.

fürchtet. Er galt als das böse, egoistische Gegentier der Schafe. Er wurde zum Bild für gewalttätige Machthaber, hinterhältige Lehrer, „falsche Propheten".

„kennen" (griech. „gnoskein") – bedeutet nicht nur etwas wissen oder rational verstanden haben (vgl. Gnosis S. 75f.), sondern miteinander vertraut sein. Im eigentlichen Sinne „kennen" sich nur Freunde und Liebende.

VII. „Wie soll man nur mit all dem Bösen fertig werden?"

1. Das Böse immer und überall?

Lehrer fertig gemacht

„Eine Klasse steht fassungslos bei ihrem Lehrer P. N., der vor ihren Augen zusammengebrochen ist, nachdem sie ihn wieder einmal gründlich geärgert hatten. Warum? Es machte einfach Spaß ihn auf die Palme zu bringen. Sein Kopf lief immer "so schön rot" an, wenn er vor Zorn bebte, und das ging bei ihm ganz leicht! Der Arzt stellte fest: ,Tod durch Herzversagen." Die Schüler sind entsetzt: „Warum nur? Das haben wir nicht gewollt!" Ein Kollege meint: „Ich verstehe das nicht. Einzeln sind die ganz vernünftig." Die Klasse war an der ganzen Schule verschrien.

„Ich verstehe die Welt nicht mehr."

Noch nie wurden die Menschen so mit oft widersprüchlichen Zahlen und Fakten bombardiert. Am Ende schaffen die Informationen mehr Verwirrung als Klarheit … Wir wissen immer mehr und werden immer dümmer. Da versteht man schließlich die Welt nicht mehr. ,Das Ganze ist eine einzige Katastrophe!' – Was soll man auch dazu sagen?

Viele wenden sich von der öffentlichen Gestaltung der Zukunft ab in den vermeintlich überschaubaren privaten Raum. Je globaler die Unordnung und Katastrophe, desto mehr erhofft man sich Ordnung und Frieden in den eigenen vier Wänden. Es ist ein Trugschluss, man könne sich den globalen Problemen durch die Flucht in die private Welt entziehen. Im Nachbarhaus werden Flüchtlinge einquartiert, junge Leute in der Verwandtschaft geraten an Drogen, die von der Mafia aus Kolumbien und Fernost eingeschmuggelt sind, Nachrichten über Ozonwerte und Tankerunglücke verderben den Sommerurlaub und die Luftverschmutzung schlägt sich in einer Allergie nieder. ,Das ist eine einzige Katastrophe…' – jetzt aber persönlich gewendet: Das eigene Leben ist mit im Spiel."

Franz Kamphaus, Bischof

Wie Philosophie und Humanwissenschaften das Böse zu erklären versuchen

Beim Bösen in der Welt ist grundsätzlich zu unterscheiden zwischen dem „physischen oder natürlichen Übel" und dem „moralischen Übel", das wir gewöhnlich das Böse nennen und wofür der Mensch verantwortlich ist. Zum Übel der Natur rechnet man zum Beispiel Naturkatastrophen und Krankheit, zum Bösen Diebstahl und Mord. Was wie eine Naturkatastrophe aussieht, ist heute oft auch vom Menschen mitverursacht.

Die folgende Übersicht zeigt, wie unterschiedlich die Verantwortlichkeit des Menschen für das Böse gesehen wird:

Der griechische Philosoph *Sokrates* (gest. 399 v.Chr.) meinte, der frei denkende Mensch sei auf Grund seiner Vernunft auf ein gutes Zusammenleben aus und handle von Natur aus gut. Wenn er Böses tue, dann könne es daran liegen, dass er das Gute noch nicht erkannt habe. Ein anderer Grund sei, dass er nicht Herr seiner Entschlüsse ist oder dass mit seinem Kopf etwas nicht in Ordnung ist.

Für den englischen Philosophen *Thomas Hobbes* (1588–1679) ist der Mensch von Natur aus böse. Er ist vom egoistischen Trieb nach Selbsterhaltung und Macht bestimmt. Daher ist jeder der Feind des anderen und alle befinden sich im Krieg gegeneinander. Damit nicht alle permanent Angst voreinander haben müssen, geben alle Menschen ihre Freiheit auf und gründen in einer Art Vertrag den Staat. Diesem unterwerfen sie sich vollständig. Der Staat sorgt mit Gesetz und Gewalt für die Eindämmung des Bösen und so für den Frieden.

Für den französischen Philosophen *Jean Jacques Rousseau* (1712–1778) ist der Mensch eigentlich gut. Er lebte ursprünglich mit allen anderen Lebewesen frei und glücklich. Dieser paradiesische Naturzustand änderte sich, als Menschen auf den Gedanken kamen etwas als Eigentum für sich zu reklamieren. Dadurch entstand Egoismus und Neid, Zwietracht und Schuld, also das Böse. Weil die Natur des Menschen aber gut und vernünftig geblieben ist, rechnet Rousseau damit, dass der Mensch einsieht, dass es für ihn gut ist, seine Interessen dem Allgemeinwohl unterzuordnen. Auf diese Weise entstehe auf der Basis der Vernunft ein freies Gemeinwesen.

Der deutsche Philosoph *Immanuel Kant* (1724–1804) sieht den Menschen von Natur weder als gut noch als böse. Für ihn ist der Mensch zwar auch von Neigungen und Trieben bestimmt, aber durch seine Vernunft kann er diese kontrollieren. Mit der Vernunft hat er die geistige Kraft und Freiheit, dem „Gesetz" von „Wie du mir, so ich dir", von „Fressen und Gefressenwerden" zu widerstehen. Das Böse liegt für Kant darin, dass man das Gute trotz besserer Einsicht nicht will.

Der deutsche Philosoph und Ökonom *Karl Marx* (1818–1883) knüpft an Rousseau an. Auch für ihn ist der Mensch im Grunde gut. Die Bosheit entsteht aus der ungerechten Verteilung des Eigentums an Produktionsmitteln und diese bestimme Macht und Mo-

ral, ja die gesamten Lebensverhältnisse und Einstellungen. Konsequent müsse man nur die Eigentumsverhältnisse ändern, um den Menschen wieder sozial und gut zu machen.
Humanwissenschaftler unseres Jahrhunderts sehen das Böse im Menschen im Kontext mit der Beobachtung aggressiven Triebverhaltens bei Tieren. Der Psychologe *Sigmund Freud* (1856–1939) stellt fest, dass der Mensch mit seinem Geist gar nicht allein Herr im Haus ist, sondern stark von Trieben beherrscht wird: vom Lebenserhaltungstrieb und vom Todestrieb, d.h. vom Drang sich durchzusetzen oder Schaden zuzufügen. Heilung versprach er sich durch die Analyse der Verhaltenszusammenhänge. Für den Biologen *Konrad Lorenz* (1903–1989) ist der Aggressionstrieb auch angeboren, aber nicht „böse", sondern in der Evolutionsgeschichte „lebens- und arterhaltend". Er ist ein natürliches Bedürfnis und manchmal nötig wie „ein reinigendes Gewitter". Während es im Tierreich unter Artgenossen Hemmungsmechanismen für den Aggressionstrieb gibt, brauchen Menschen kulturelle Formen zu seiner Bewältigung und Beherrschung. Eine andere Richtung von Wissenschaftlern sieht in den angeborenen Trieben noch keine hinreichende Erklärung für Aggressivität. Damit ein Mensch seinem Aggressionstrieb nachgibt, müssten meist mehrere individuelle und gesellschaftliche Bedingungen hinzukommen, z. B. physischer oder seelischer Schmerz, Gefühl der Minderwertigkeit oder Großmannssucht, Frustration und Ohnmacht. Aggressives Verhalten wird auch an Vorbildern gelernt. Manche sagen, eine gewisse Aggression sei um des Fortschritts willen gesellschaftlich notwendig.

**Alle diese Forschungen zeigen, dass Aggression zum Menschen gehört; sie zeigen Bedingungen auf, unter denen Menschen aggressiv werden können; sie entwickeln Wege, das schädliche Aggressionspotential zu verringern bzw. kanalisiert zu nutzen. Sie können aber nicht erklären, warum der eine böse handelt und der andere unter den gleichen Bedingungen nicht, woher das Böse letztlich kommt und wie es grundsätzlich überwunden werden kann. Es bleibt eine Tatsache, dass der Mensch oft anders handelt, als sein Verstand ihm sagt, dass er also nicht ist, wie er sein sollte oder möchte. Erziehung, Ermahnungen, Appelle und selbst die Drohung mit der Todesstrafe können das Böse nicht aus der Welt schaffen. Warum?
Es bräuchte Verhältnisse, in denen der Mensch seine dunklen Seiten nicht ausblenden muss, sondern diese eingestehen kann, weil er statt Strafe Vergebung erwarten kann. Und es bräuchte eine Gesellschaft, die um ihre eigene Schuldverstrickung und Heilungsbedürftigkeit weiß. Diese müsste für ihren Kampf gegen das Böse nicht einzelne zu Sündenböcken machen, um die Fassade eigener Rechtschaffenheit aufrechterhalten zu können.**

„Bomben oder Vögel" – Wir wissen nicht, was in uns steckt

Unergründlich ist der Mensch. Wir können viel und wissen wenig von uns, von anderen. Ein Mann hat seine Freundin verprügelt, sie zeigt ihn an, er wird zu 7200 Mark Geldstrafe verurteilt, legt Widerspruch ein, der Einspruch wird abgewiesen. Daraufhin erschießt er den Richter, seine ehemalige Gefährtin, deren Mutter, wirft dazu eine Bombe, die zwei Anwälte, eine Justizangestellte und ihn selbst tötet, andere lebensgefährlich verletzt und das Gerichtsgebäude zerstört.
Mittags in einer kleinen Stadt schrumpft ein Mensch zu einem „dunklen Stück verrücktgewordenen Jähzorns" (Robert Walser). Er hat wohl seine Menschenwürde kleingehackt gesehen durch Offenlegung seiner Roheit. Die öffentliche Blamage entzündet in ihm eine infernalische Kraft. Sollte ihm nicht Genugtuung widerfahren, hat er sich für einen Abgang gerüstet, der so viel Leben wie möglich mit wegreißt. Er sah sich von der Welt für wertlos geachtet. Und rächt sich, indem er möglichst viele umbringt und so seinerseits sie für wertlos erklärt. Er bestätigt die verächtliche Meinung über sich, indem er sie teuflisch tief begründet.
Wir wissen nicht, was in uns steckt. Ob ein Hitler oder ein Gandhi, zu unseren Vorfahren gehören beide, gehören Kain und Abel. Wir schwanken alle zwischen Todeswunsch und Lebensgier, Grausamkeit und Versöhnelust, Vernunft und Mord. Die böse Kraft der Roheit kann nur besänftigt werden durch Nähe, Freundschaft, Verstehen. Den Gewaltbereiten zart machen, das ist uns aufgegeben, wenn wir als Menschen überleben wollen. Alle taten im Gerichtssaal ihre Pflicht. Der Richter hat für den Tag wohl zehn Streitsachen angesetzt, Bußgeldsachen, Verkehrsdelikte und Körperverletzung eben. Ein Beschuldigter hält der Realität nicht stand. Was andere mit schnippischer Geste abtun, lässt ihn zur Bombe greifen, zur Bombe werden. Vielleicht hat er früh gelernt, Unduldsamkeit als Waffe zu gebrauchen; vielleicht war der Richter der erste Mensch, der ihm zeigte: Bis hier und nicht weiter. Und da bricht seine ichzentrierte Welt zusammen.
Aber es kann auch ganz anders gewesen sein. Robert Musil sagt mal von einem Mörder, der sich

ebenfalls für nicht schuldig hielt: ‚In den Augen des Richters gingen seine Taten von ihm aus, in den seinen waren sie auf ihn zugekommen wie Vögel, die herbeifliegen.' Der Mensch ist unergründlich, wunderbar, gefährlich. Denn der Mensch kann sich sein eigenes Weltbild basteln und die Welt darauf hintrimmen wollen. Und wenn die Welt nicht will, wie er will, dann kann er sie zur Hölle machen. Darum brauchen wir das Recht als Schutz des Menschen vor dem Menschen."   *Traugott Giesen*

2. Das Böse und die Schuld

Es muss nicht immer gleich Mord und Totschlag sein…

Einer aus meiner Klasse hat zufällig ein Gespräch zwischen zwei Lehrern mitbekommen: Am nächsten Tag ist unangesagt einen Vokabeltest fällig. Er hat es nur seinem Freund weitergesagt und diesen dazu verpflichtet zu schweigen.

M(aurits) C(ornelis) Escher (1898-1972), Kreislimit IV, Holzschnitt 1960

Florian nimmt sich das erstbeste nicht abgeschlossene Fahrrad aus dem Ständer an der Schule. Das macht er immer so, um schneller in die Stadt zu kommen und so eine längere Mittagspause zu haben. Viele aus meiner Klasse haben es beobachtet. Keiner traut sich etwas dagegen zu sagen. Statt dessen haben wir uns über den Schreck des „Beklauten" köstlich amüsiert.

Meine Freundin musste heute in Mathe an die Tafel und ist dabei reingefallen. Einige Jungs haben ihr falsch eingesagt. Als sie eine „Sechs" bekam, haben sie sich tierisch gefreut. Für unsern Lehrer war dies mal wieder die Bestätigung dafür, dass Mädchen Mathe nicht können. Man merkte ihm seine klamm-

heimliche Freude richtig an. Na ja, in Englisch geht es genau anders herum.

Peter hatte gerade seine Prüfung fürs Mofa abgelegt. Dann macht er mit seiner Freundin eine Spritztour. In einer Linkskurve kommen sie ins Rutschen und prallen gegen einen Baum. Evas linke Hand muss amputiert werden. Das Jugendgericht spricht Peter frei. Er fühlt sich dennoch schuldig. Die Meinungen der anderen sind gespalten.

Claudia, Silke und noch ein paar aus meiner Klasse donnern sich seit der Tanzstunde mächtig auf. Und prompt fallen die Kerle und sogar ein paar Lehrer auf sie rein. Nur Herr K. hat ihnen neulich gezeigt, was in der Schule Sache ist. Das hat mir richtig gut getan.

Theo ist unser Computerfreak. Der hat immer die neuesten Dinge, die auf dem Markt sind. Bei seinem Elternhaus kann er sich alles leisten. In der Schule glänzt er mit Referaten, die selbst die Lehrer verblüffen. Die Bausteine dafür holt er sich aus dem Internet.

Bernd, unser Streber, liegt seit seinem Sportunfall im Krankenhaus. Anfangs haben wir regelrecht einen Dienst fürs Besuchen und Aufgabenbringen organisiert. Aber nach einem Vierteljahr geht das nicht mehr. In der neunten hat jeder von uns zu viele Zusatztermine. Vielleicht muss Bernd die Klasse sowieso wiederholen.

1. Bildet zwei Gruppen: die eine rechtfertigt das Verhalten der Beteiligten, die andere argumentiert dagegen.
2. Diskutiert darüber, ob in den genannten Fällen eurer Meinung nach Schuld vorliegt.

◻ Auf der Suche nach Schuldlosen
Nein, freizusprechen ist da keiner -
Der, wie er sagt,
noch keinen umgebracht hat,
der war vielleicht
nur weit genug vom Schuss
und hatte es nicht nötig,
sich zu schlagen.

Der, wie er sagt,
noch keinem Hungernden,
der ihn darum bat,
das Brot verweigert hat,
der aß sein Brot vielleicht
in einem satten Land und aß es fern
und ungestört von aller Not der Welt
in seinem Haus mit Butter und mit Wurst.

Der, wie er sagt,
noch keinen Streit begonnen hat,
der nahm vielleicht ganz einfach hin
die Ungerechtigkeit und fand es
nicht der Rede und des Streitens
wert, noch was dran zu ändern.

Nein, freizusprechen ist da keiner.

Lothar Zenetti

Warum? – Warum eigentlich nicht?
Der Schriftsteller Max Frisch hat in einem seiner
berühmten Fragebögen einmal folgende Frage gestellt: „Gesetzt den Fall, Sie haben nie einen Menschen umgebracht. Wie erklären Sie es sich, dass es
dazu nie gekommen ist?"
⇨ *Nun, wie erklärst du es dir?*

◧ **Trotz der Erfahrung des Bösen und der
Schuld vertrauen Christen auf die Kraft
des Guten:**
In der Religionsgeschichte gibt es durchgängig
die Vorstellung von zwei eigenständigen Welten.
Eine gute und eine böse Welt liegen miteinander
im Kampf. Die eine Welt wird vom Gott des Guten, die andere vom Gott des Bösen beherrscht.
Dieser hat Lust daran Schaden anzurichten und
sich die Menschen zu unterwerfen. Zerstörung
und Krieg sind sein Programm.
In der *neueren Esoterik* wird das Böse verharm-
losend als Schatten oder Gegenpol des Guten bezeichnet.
In der biblisch-christlichen Tradition schälte sich
im Laufe der Zeit immer klarer die Vorstellung
heraus, dass das Böse kein gleich mächtiges Ge-
genprinzip zu Gott ist. Es ist von ihm weder geschaffen noch gewollt. Es ist seiner Allmacht total unterlegen, aber es beeinträchtigt, schädigt
und bedroht die auf Leben und Heil hingeordne-
te Schöpfung. Die Bibel gibt sich nämlich keiner
Illusion hin: der Einzelne und die Welt sind nicht
in Ordnung, die Macht des Bösen ist allenthal-
ben erfahrbar. Es lebt in den dunklen Bereichen
in uns, die wir nicht wahrhaben wollen und vor
denen wir gern die Augen verschließen würden.
Aber Wut, Angst und Gier holen uns in unterschiedlichen Ausprägungen immer wieder ein:
wir sind zum Beispiel rücksichtslos gegen Fremde, wir sind raffiniert, wenn es um unseren Vorteil geht, wir schweigen, wenn Unrecht geschieht,
weil wir uns keinen Nachteil einhandeln wollen.
Das, was im Leben des Einzelnen als böse erfahren wird, steigert sich in der Gesellschaft in
Kriegen und Hungersnöten, in Ausbeutung und
Zerstörung der Natur. Das Böse lebt als Übel in
Katastrophen der Natur oder im allzufrühen
Tod, wogegen wir Menschen letztlich machtlos
sind.
Trotzdem führen die biblischen Schriftsteller sowohl das Böse als auch das Übel auf den Menschen zurück. Er hat sich von Anfang an dem
verweigert hat, was Gott mit ihm vorhat (Gen
3-4). In der prägnanten Geschichte „von Adam
und Eva" erzählt die Bibel, wie das Böse Macht
über den Menschen bekommt und wie er andere
mit ins Böse hineinzieht. Die Bibel weiß um die
Erfahrung, dass der Mensch „oft das Gute nicht
tut, das er erkannt hat, sondern das Böse, das er
eigentlich nicht will" (vgl. Röm 7,14ff.). Er
meint, die Versprechungen des Bösen, die sog.
„Versuchungen", für seine Selbstverwirklichung
und Anerkennung zu brauchen. Wenn er ihnen
nachgibt, verliert er seine Identität, wird sich
und seiner Umgebung fremd. Auf diesen Irrweg
ist der Mensch (Gen 3: „Adam" heißt „der
Mensch") von Anfang an geraten. Danach tritt

Schuld und Schatten bei Carl Gustav Jung. Der Tiefenpsychologe C.G. Jung (1875–1961) stellt fest, dass das Selbst des Menschen aus zwei Teilen besteht, aus der Lichtseite, dem moralisch Guten, zu dem wir gern stehen, und aus dem Schatten, den sittlichen Schwächen, den ererbten und persönlichen Fehler, die wir gern verdrängen. Schatten und Schuld sind für Jung identisch. Um seinen Schatten nicht akzeptieren zu müssen, überträgt der Mensch ihn z.B. auf die Umstände oder er dichtet anderen Menschen die eigenen negativen Seiten an und macht sie zu Sündenböcken. Er bekämpft in den anderen eigentlich sich selbst. Wo der Schatten zu einem Bild wird, das sich verselbständigt, kann das Negative und Zerstörerische so mächtig werden, dass es vom Menschen Besitz ergreift; dann spricht man von dämonischer Besessenheit. Viele Menschen verdrängen ihren Schatten. Sie spalten ihn als Gefährdung ihres idealen Selbstbildes von sich ab und bekämpfen ihn, indem sie Vorschriften übergenau beobachten. Wenn der Mensch sich selbst annehmen will, muss er nach C.G. Jung auch seinen Schatten akzeptieren. Er muss sich als Einheit von Gut und Böse sehen. Das macht dem Menschen

jeder Einzelne mit seinen Verfehlungen in die Fußstapfen „Adams". In der Theologie wird die Verstrickung in das Böse *Erbschuld* genannt; von ihr kann der Mensch sich aus eigener Kraft nicht befreien. Von Schuld lässt sich sprechen, weil der Mensch die Freiheit hat, sich so oder anders zu entscheiden. Weil Gott alles zum Nutzen für alle Menschen geschaffen hat, richtet sich solches Verhalten auch gegen Gottes Willen. Deshalb spricht der christliche Glaube nicht nur von Schuld, sondern auch von *Sünde*. Und die christliche Theologie sagt: *Die Sünde der Menschen ist die Ursache des Bösen.*

Trotz der Klarheit dieser Aussage ist das Böse für Christen unbegreiflich. Sie merken, dass sie es nicht erklären können und trotz aller Anstrengungen nicht überwinden können. Sie glauben, dass Gott es besiegen muss und es in Jesu Leben, Leiden und Sterben bereits getan hat. Seit Jesu Auferstehung hoffen sie begründet, dass ihre kleinen Schritte zur Überwindung des Bösen nicht vergeblich sind. Wenn Christen im Vaterunser beten, „erlöse uns von dem Bösen", dann meinen sie eben nicht nur „befreie uns von unserer eigenen Bosheit und von der anderer Leute", sondern umfassend „*erlöse uns vom Bösen.*"

Ein Selbstgespräch

„Ich bin ganz in Ordnung. Meine Mutter weiß, dass sie mich allein zu Hause lassen kann. Gerade ist sie weggegangen zum Einkaufen. Sie weiß, dass ich jetzt an meinem Tisch sitzen bleibe und meine Hausaufgaben mache.

$3 \times 4 = 12$
$4 \times 3 = 12$
$2 \times 5 + 2 = 12$

Ich stehe lieber mal auf. Es ist nicht gut, die ganze Zeit so still zu sitzen. Nein, ich tu ja nichts. Ich will nur mal aufstehen und ans Fenster gehen. Zwölf – eine ganz tolle Zahl ist das. Man könnte ein Heft vollschreiben über die Zwölf. Ich geh' jetzt mal durch die Wohnung. Einfach so. Da ist ja nichts dabei. Viele Leute können besser denken, wenn sie gehen. Aber ich denke dabei an nichts als an zwölf. $2 \times 6 = 12$. Ich gehe durch die Wohnung. Ich will nur mal sehen, ob sie etwas gemerkt hat. Wenn der Geldbeutel noch in der Küchentischschublade liegt, dann hat sie nichts gemerkt.

Aber ich nehme nichts. Nein, ich habe mich wirklich geändert, ich nehme nichts. Heute nicht – überhaupt nicht mehr.

Der Geldbeutel liegt in der Schublade.

Ich mach ihn nicht auf. Ich setze mich an meinen Schreibtisch und schreibe: $2 \times 6 = 12$. Ich mach' ihn doch auf. Nur um zu sehen, ob sie etwas gemerkt hat. Ob noch Geld drin ist.

Aber ich nehme nichts.

Ich mach' ihn nur auf. Es ist viel Geld drin. Lauter Kleingeld, auf einen Blick sieht man gar nicht, wieviel. Jetzt weiß ich, dass sie nichts gemerkt hat. Jetzt kann ich sofort die Schublade zumachen und in mein Zimmer gehen und aufschreiben – was eigentlich?

Sie hat nichts gemerkt. Und bei diesem vielen Kleingeld wird sie wieder nichts merken, wenn etwas fehlt. Drei Fünfziger sind da. Einen kann ich ohne weiteres nehmen.

Aber ich nehme nichts. Ich mach' das nicht mehr. Ich hab' hinterher soviel Angst, dass sie doch etwas merkt.

Sie kann gar nichts merken. Ob zwei Fünfziger oder drei – vermutlich macht ihr das gar nichts aus. Es ist doch genug Geld da. Aber es gehört mir nicht. Natürlich gehört es mir auch. Es gehört uns allen.

Ich darf es nicht nehmen.

Wer kann entscheiden, was ich darf, wenn's keiner sieht?

Das ist schwierig. Ich will nicht.

Aber ich will. Ich will den Fünfziger.
Nein.
Doch.
Nein. Doch.
Ich kann nicht ewig hier herumstehen. Ich geh' jetzt und mache meine Hausaufgaben fertig.
Ich nehm' nur noch rasch den Fünfziger. So.
Ich bin ein Dieb. Und jetzt hab' ich wieder Angst.
Ach, Unsinn. Wegen einem Fünfziger!
Ich wollte es nicht.
Na gut. Da war eben irgendwas in mir.
In mir? Wer bin ich?"

Irmela Brender

3a. Gestaltet in Gruppen das „Selbstgespräch" mit zwei Sprechern und macht daraus eine Spielszene.
b. Sprecht darüber, wie man die Geschichte darstellen könnte, wenn man ihrer Aussageabsicht gerecht werden will.
4. Deutet das Bild von Escher auf S. 86 und die Karikatur von Stauber auf S. 88.

Was hilft denn nun angesichts des Bösen und der Schuld weiter?

Das Böse verdrängen oder nach dem Motto „Schwamm drüber und fertig" bagatellisieren? Einen persönlichen Schuldanteil als feindliches Schicksal abstreiten oder als zwanghafte Verflechtung von Umständen rational weganalysieren? Heilung durch Analyse mit Hilfe von Medizinern und Therapeuten oder Heilung durch esoterische Praktiken und Schamanen? Sich selbst freisprechen?

Oder hilft: Schuld vor den Menschen und Gott bekennen und auf Vergebung hoffen? Paulus fordert: „Lass dich vom Bösen nicht besiegen, sondern besiege das Böse mit dem Guten?" (Röm 12,21). Aber wie? Wer ist dazu imstande? Wann kann man ein Schuldeingeständnis wagen? Wer hilft, denn es braucht nicht nur Vergangenheitsbewältigung, sondern auch die Eröffnung neuer Zukunft?

---

3. Befreiung vom Bösen und von Schuld

 Bin ich gut, bin ich böse?

Du bekommst hier vier Zeilen als Vorgabe. Sie sollen dir beim stillen Nachsinnen über dich selbst helfen. Führe den Text an den „Auslassungen" weiter:

⇨ **Wie bin ich? Die anderen sagen mir oft …**
⇨ **Wie bin ich? Sie sagen mir auch …**
⇨ **Bin ich wirklich, was andere von mir sagen? Oder bin ich …**
⇨ **Wer bin ich? So oder anders? Bin ich denn heute …**

„4 ¹Adam erkannte Eva, seine Frau; sie wurde schwanger und gebar Kain. Da sagte sie: Ich habe einen Mann vom Herrn erworben. ²Sie gebar ein zweites Mal, nämlich Abel, seinen Bruder. Abel wurde Schafhirt und Kain Ackerbauer. ³Nach einiger Zeit brachte Kain dem Herrn ein Opfer von den Früchten des Feldes dar, ⁴auch Abel brachte eines dar von den Erstlingen seiner Herde und von ihrem Fett. Der Herr schaute auf Abel und sein Opfer, ⁵aber auf Kain und sein Opfer schaute er nicht. Da überlief es Kain ganz heiß und sein Blick senkte sich. ⁶Der Herr sprach zu Kain: Warum überläuft es dich heiß und warum senkt sich dein Blick? ⁷Nicht wahr, wenn du recht tust, darfst du aufblicken; wenn du nicht recht tust, lauert an der Tür die Sünde als Dämon. Auf dich hat er es abgesehen, doch du werde Herr über ihn! ⁸Hierauf sagte Kain zu seinem Bruder Abel: Gehen wir aufs Feld! Als sie auf dem Feld waren, griff Kain seinen Bruder Abel an und erschlug ihn. ⁹Da sprach der Herr zu Kain: Wo ist dein Bruder Abel? Er entgegnete: Ich weiß es nicht. Bin ich der Hüter meines Bruders? ¹⁰Der Herr sprach: Was hast du getan? Das Blut deines Bruders schreit zu mir vom Ackerboden. ¹¹So bist du verflucht, verbannt vom Ackerboden, der seinen Mund aufgesperrt hat um aus deiner Hand das Blut deines Bruders aufzunehmen. ¹²Wenn du den Ackerboden bestellst, wird er dir keinen Ertrag mehr bringen.

---

zwar Schuldgefühle, aber zwingt ihn zur Auseinandersetzung. Das ist schmerzlich, aber zur seelischen Reifung notwendig. Der Mensch kann nach C. G. Jung den Schatten letztlich nicht überwinden, er kann ihn nur als von höherer Gewalt auferlegt annehmen. Aber Jung fragt auch, wer soll dem Menschen die Kraft dazu geben bzw. was für eine Gewalt muss das sein, der man sich ohne Angst anvertrauen kann? Die Antwort des Glaubens heißt: Gott.

Sacherläuterungen zu Gen. 4,1-16

erkennen – meint „wahrnehmen, begegnen", aber nicht kognitiv, sondern mit jemandem personale Gemeinschaft haben; das Wort steht in der Bibel auch für die sexuelle Gemeinschaft von Mann und Frau (vgl. S. 83).

Kain – der erste Eigenname der Bibel; in dem Wort steckt das hebräische „kanah", was mit „erwerben" oder „schaffen" zu übersetzen ist. Der Name erklärt sich aus dem Wort Evas bei Kains Geburt: Sein Leben ist von Gott geschenkt, d. h. mit der Geburt Kains wird sichtbar, dass Gott trotz der Sünde Adams und Evas das Weiterleben des Menschengeschlechts will.

Abel – bedeutet „Hauch, Nichtigkeit" (vgl. Ps 39,6.12), der Name nimmt das spätere Schicksal vorweg.

opfern – Gott für die Gaben zum Leben danken und um Segen für Felder und Herden bitten.

anschauen – meint „Beachtung schenken, anerkennen".

verfluchen – die Existenz behindern, gefährden, vernichten; dazu braucht es keinen eigenen Akt Gottes; vielmehr erntet der Schuldige die Folgen seines Tuns.

Kainsmal – Schutzzeichen für Kain, was wir uns unter dem „Zeichen Gottes für Kain" vorstellen sollen, wissen wir nicht. Klar ist, dass es Kain schützen und die anderen vor einem Racheakt gegen Kain warnen soll.

Land Nod – meint keinen geographischen Ort, sondern das hebräische Wort bedeutet „heimatlos"; „nod" klingt ähnlich wie „nad", was „rast- und ruhelos" meint. „Land Nod" meint eine Existenzform „Jenseits von Eden", d. h. jenseits von Heimat und Frieden mit allen jenseits von Gemeinschaft mit Gott.

Rastlos und ruhelos wirst du auf der Erde sein. [13] Kain antwortete dem Herrn: Zu groß ist meine Schuld, als dass ich sie tragen könnte. [14] Du hast mich heute vom Ackerland verjagt und ich muss mich vor deinem Angesicht verbergen; rastlos und ruhelos werde ich auf der Erde sein und wer mich findet, wird mich erschlagen. [15] Der Herr aber sprach zu ihm: Darum soll jeder, der Kain erschlägt, siebenfacher Rache verfallen. Darauf machte der Herr dem Kain ein Zeichen, damit ihn keiner erschlage, der ihn finde. [16] Dann ging Kain vom Herrn weg und ließ sich im Land Nod nieder, östlich von Eden." *(Gen 4,1-16)*

Walter Habdank, Kain und Abel. 1973, Holzschnitt
Wer ist Kain, wer Abel?

Zur Deutung der Erzählung von Kain und Abel

Heutige Bibelauslegung erklärt Gen 4,1-16 als gedeutete und gestaltete Überlieferung einer alten Menschheitssage. Sie erzählt nicht, was einmal irgendwo passiert ist, sondern etwas, das zeitlos gültig ist. Die beiden Gestalten stehen – dies belegen auch die Namen Kain und Abel – für das, was im Zusammenleben der Menschen immer wieder neu passiert. Die Deutung kann unterschiedlich ansetzen: bei der Geschichte von Menschen, die Brüder sein sollten, aber sich nur als Konkurrenten sehen; als Geschichte davon, wie einer nicht damit fertig wird, dass in einer Familie der eine erfolgreicher ist als der andere; als Lehrgeschichte, dass man sich Anerkennung nicht verdienen kann oder als Geschichte davon, was Neid aus einem Menschen machen kann und was Hass zwischen Menschen anrichten kann. An Gott Glaubende sehen Gen 4 als Folge von Gen 3: der Grund für das Böse ist die durch die Sünde des Menschen (Adams/Evas) zerstörte Beziehung zwischen den Menschen und zu Gott (Gen 3) und diese wirkt verheerend weiter.

Die literargeschichtliche Forschung legt die Entstehungszeit des Textes Gen 4 in die frühe Königszeit. Das war eine Zeit voller Spannungen: Israel war auf der einen Seite froh, dass Jahwe seinem Volk das Land Kanaan geschenkt hatte, was die Könige nun verteidigten. Auf der anderen Seite gebärdeten sich manche Könige als Herren über Leben und Tod; manche duldeten sogar den Kult der Kanaanäer für den Fruchtbarkeitsgott Baal. Von diesem Hintergrund her könnte die Kain-Abel-Erzählung als Warnung an die Herrscher und als Ermahnung zur Glaubenstreue überliefert worden sein.

Die Kulturgeschichte sieht die Geschichte von Kain und Abel als Ausdruck für den Machtkampf zwischen zwei Zivilisationsformen: zwischen Hirten und Ackerbauern.

Die Tiefenpsychologie kann die Erzählung als innerpsychisches Drama lesen: einem Menschen misslingt die Annahme seines Schattens, dieser verselbständigt sich, bekommt Macht über ihn, so dass der Mensch nicht mehr frei ist und sich nicht mehr steuern kann.

Für den gläubigen Christen geht es in Gen 4,1-16 vor allem um die Antwort auf die bedrängende Urfragen: Woher kommt das Böse? Wie steht Gott zum schuldig gewordenen Menschen?

Manche Frage stellt der Bibeltext gar nicht, manches Problem lässt er offen, etwa: Warum „sieht" Gott eigentlich Kains Opfer nicht „an"? Warum lässt Gott Kain nicht fallen? Handelt Gott willkürlich, ist er parteiisch? Vielleicht gesteht auch der biblische Schriftsteller mit diesen Leerstellen sein Nichtbegreifen Gottes ein. Die Bibel ist eben Gottes Wort in menschlicher Rede.

Der 1952 vollendete Roman *„Jenseits von Eden"* von John Steinbeck (1902-1968), der bereits 1954/55 von Elia Kazan mit James Dean verfilmt wurde, ist nicht nur einfach eine moderne Interpretation der biblischen Erzählung von Kain und Abel. Der Autor schrieb im Jahre 1951 in sein Tagebuch: „Wenn es sich nur um eine Erörterung von Bibelfragen handelte, würde ich es weglassen, aber das ist nicht der Fall. Die biblische Geschichte wird zur Beurteilung unserer selbst verwendet ... Und ich bin froh, dass ich für die Anlage meiner neuesten Geschichte die älteste Geschichte der Welt verwenden kann. Dass sich auf der Welt so wenig ändert, ist erstaunlich."

▰ *1a. Lest die Geschichte von Kain und Abel in Gen 4,1-15 und versucht in einem Gerichtsverfahren die Schuldfrage zu klären.*

▰ *b. In Gruppen zu dritt sollt ihr Gen 4 nun als Beziehungsgeschichte nachempfinden und deuten: Versucht euch in Abel und in Kain einzufühlen. Stellt ihr Verhältnis zueinander und ihr jeweiliges Verhältnis zu Gott in Standbildern dar. Lasst alle Personen miteinander sprechen.*

c. Arbeitet nun heraus, wie Gott im Verlauf des Geschehens zum Menschen steht, und zwar zum Opfer und zum Täter. Welche Konsequenzen hat dies für Opfer und Täter?

▰ *2. Betrachtet das Bild von Walter Habdank: a. Welchen Moment der biblischen Geschichte hat der Künstler erfasst?*

b. Was passiert, wenn man es um jeweils 90 Grad um seine eigene Achse dreht?

c. Was meint ihr zu dem folgenden Titel für das Bild: „Jeder ist Kain u n d Abel"?

3a. Dem Brüderpaar Kain und Abel entspricht das Sohnespaar in der Beispielgeschichte Jesu „vom liebenden Vater". Lest Lk 15,11-32 nach. Sucht Parallelen und Unterschiede, achtet besonders auf das Verhalten des Vaters/Gottes.

b. Beide Geschichten zeigen gläubigen Menschen, wie wir Menschen sind und wie Gott ist. Sie stellen Formen des Umgangs mit Bosheit und Schuld, mit Tätern und Opfern und zur Überwindung des Bösen dar. Welche Perspektiven zeigen sie auf?

4. Vergleicht die drei künstlerischen Darstellungen der beiden Geschichten Gen 4,1-15 und Lk 15,11-32 auf den Seiten 90–93 miteinander. Welche Anleitung könnte darin gegeben sein das Böse zu sehen und mit Schuld umzugehen?

Was könnte nun der Weg zur Überwindung des Bösen sein?

Der Satanismus feiert die Macht des Bösen und zerstört damit die Basis des Lebens und Zusammenlebens für alle. Die Mitglieder von Sekten ziehen sich oft aus der für böse erklärten Welt zurück und bilden untereinander die Gemeinschaft der „auserwählten Guten". Aber was ist mit den „anderen"? Skeptiker gegenüber der Vernunft des Menschen fordern eine starke Hand, die das Böse ausrottet. Andere rufen nach einer Umerziehung der Masse zum Positiven. Aber sind Weltverbesserer nicht erst recht gefährlich, weil sie sich selbst für gut halten? Und warum schafft Gott das Böse mit einem großen Knall nicht einfach selbst aus der Welt, ja warum hat er es überhaupt „zugelassen", wie wir sagen? Muss man nicht an seiner guten Absicht oder an seiner Macht zweifeln? Auf rationalem Wege lässt sich dieses Dilemma nicht lösen.

Beichte – „beichten" nennen wir das Eingeständnis einer Verfehlung, das Aussprechen einer Schuld. Als „Beichte" bezeichnet *die katholische Kirche* das persönliche Bekenntnis seiner Sünden vor einem Priester, der einem in der Vollmacht Christi die Vergebung Gottes zuspricht. Dies kann in der Form der persönlichen Ohrenbeichte oder in einem Beichtgespräch geschehen. Davon zu unterscheiden ist das gemeinsame Schuldbekenntnis der Gemeinde in einem Bußgottesdienst. Manche Gläubige haben Schwierigkeiten beichten zu gehen. Aber wer schuldig geworden ist, der weiß, wie befreiend es schon sein kann einem anderen davon erzählen zu können. Noch hilfreicher ist, wenn man dem Geschädigten selbst seine Schuld bekennen kann und dieser seine Vergebung ausdrückt. Man ist von einer Last befreit und kann neu anfangen. Übrigens kennen auch *die Stammesreligionen und die anderen Weltreligionen* eine Art Beichte. Sie dient dort immer dazu, dass der Mensch etwas tut, wodurch er zur Gottheit wieder ein gutes Verhältnis herstellt, so dass er nun von ihr keinen Schaden mehr zu erwarten hat. Das katholische Beichtverständnis ist ganz anders (vgl. Lk 15,11-32).

Karl Rössing (1897-1987), Brudermord, 1948. Holzstich.
Wo findet der Brudermord statt?

Die *Erfahrungen der Menschen der Bibel* mit Gott weisen einen anderen Weg. Da wird realistisch von der Wirklichkeit des Bösen erzählt, aber ebenso wird mit der Möglichkeit seiner Überwindung gerechnet. Der Mensch hat trotz aller Einschränkungen die Freiheit zwischen Gut und Böse zu wählen; infolgedessen ist er für seine Entscheidungen verantwortlich, auch für die bösen Taten. Gott will den Menschen nicht als Marionette, sondern als freien Partner. Er setzt auf Umkehr auf Grund von Vertrauen und nicht auf Unterwerfung auf Grund von Angst. Die biblischen Geschichten machen es deutlich: Immer wenn der Mensch seine Freiheit egoistisch absolut setzt, überfordert er sich und macht andere zu Opfern. Immer wenn er sein Leben im Vertrauen auf Gott gestaltet, wachsen ihm Kräfte zu gegen das Böse in sich und in den Strukturen anzukämpfen. Und wenn er dem Bösen erliegt und sündigt, braucht er nicht zu verzweifeln, sondern kann umkehren. Gott kommt ihm bereits entgegen, denn er hat ein großes Herz.

Die Überzeugung, dass dieser Weg geht und gilt, wurzelt für Christen in der *Erfahrung mit Jesus von Nazaret.* Er wurde selbst zum Bösen versucht und widerstand; er befreite andere von ihrem Gefangensein ins Böse; am Ende wurde er unschuldig sogar Opfer des Bösen. Aber er entmachtete es, indem er durch seine Lebenshingabe den Teufelskreis der Vergeltung durchbrach. Er konnte es, weil er ganz aus der Liebe zum Vater lebte, der ihn von den Toten auferweckt hat.

Christen glauben: Wenn schon alle Menschen mit Adam und Kain ins Böse verstrickt sind, so hängen sie noch mehr mit Jesus Christus im Guten zusammen: durch ihn sind sie vom Bösen erlöst. Wenn sie sich für den gewaltlosen Weg Jesu entscheiden, werden sie frei vom sorgenvollen Kreisen um sich selbst, von abergläubischen Praktiken, sie werden frei für das Tun des Guten. Wenn einer hinter seinen positiven Möglichkeiten zurückbleibt und Böses tut, braucht er das nicht zu verdrängen, sondern bekommt von Gott die Chance zu Umkehr und Neuanfang geschenkt. In jedem Gottesdienst und ganz deutlich im *Sakrament der Buße* wird ihm Gottes Vergebung zugesprochen. Aber Gott gewährt den neuen Anfang nicht zum Nulltarif, deshalb beten Christen im Vaterunser: „Und vergib uns unsere Schuld, wie auch wir vergeben unseren Schuldigern."

Rabbi Schlomo fragte: „Was ist die schlimmste Tat des bösen Triebs?" Und er antwortete: „Wenn der Mensch vergisst, dass er ein Königssohn ist."
Martin Buber

Max Slevogt (1868–1932),
Der verlorene Sohn,
1898/99. Triptychon

JESUS – DER MANN AUS NAZARET

I. Einen Menschen richtig kennen

Eltern und Geschwister leben mit uns auf Tuchfühlung. Wir freuen uns miteinander, gelegentlich gibt es auch Streit in der Familie. Je enger wir mit Menschen verbunden und je unterschiedlicher die Situationen sind, in denen wir die anderen erleben, um so besser lernen wir sie kennen. Das gilt auch von Freundinnen und Freunden, von Mitschülerinnen und Klassenkameraden. Manche Seiten eines Menschen finden wir toll, andere Verhaltensweisen gehen uns auf die Nerven. Wir beurteilen und teilen ein: Frau X, eine sehr sympathische Lehrerin, Herr Y, ein blöder Pauker!

Doch seien wir ehrlich: Kennen wir den oder jenen Zeitgenossen wirklich so, wie er ist? Was wissen wir von seinen Gedanken, seinem Glück und seiner Freude, seinen Hoffnungen und seinen Enttäuschungen, seinem Frust, seinen Ängsten und Schmerzen?

Was wissen wir gar von Menschen, die lange vor unserer Zeit lebten? Was für ein Mensch war der letzte deutsche Kaiser, was für eine Frau war Hildegard von Bingen oder Kleopatra ? Natürlich kann man in Geschichtsbüchern manches über diese oder jenen nachlesen. Man erfährt, welche Kriege er geführt hat und welche Eroberungen ihm gelungen sind, welche kulturellen Leistungen sie erbrachte. Von manchen Menschen gibt es Dokumente, von ihnen selber geschrieben oder von Zeitgenossen notiert. Historiker forschen, Schriftsteller sammeln Material für eine Biographie. Doch manches, was vielleicht gerade die Eigenart eines Menschen ausmacht, wurde nie festgehalten. Wir lernen nur bestimmte Seiten eines Menschen kennen, deshalb kann unser Bild einer Person sehr einseitig sein.

1. Schreibe einen Steckbrief über einen Mitschüler, eine Lehrerin oder einen Lehrer ohne dabei den Namen zu erwähnen. Lass raten, wer damit gemeint ist.
2. Was sagt ein Personalausweis, ein Pass über einen Menschen aus?
3. Schildere deine Großeltern. Frage nach den politischen, kulturellen und sozialen Verhältnissen, in denen sie lebten.
4. Was weißt du über die auf den Briefmarken dargestellten Persönlichkeiten? Wo findest du Informationen über sie? Erstellt kurze Steckbriefe.

II. Einer, der Menschen nicht in Ruhe lässt

Meist zu Weihnachten oder Ostern bringen „Spiegel, Focus, Stern und Co" Artikel über einen Mann, der vor 2000 Jahren lebte.

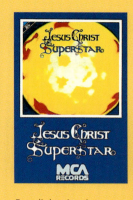

hätten ihn seine Freunde vom Kreuz abgenommen und so habe er die Kreuzigung überlebt. Dann sei er nach Rom gekommen und dort im Alter von 70 Jahren gestorben.

In einem bekannten Musical von Andrew Lloyd Webber und Tim Rice ist Jesus der „Superstar". Ein Film der letzten Jahre mit dem Titel „Die letzte Versuchung Jesu" erregte viele Gemüter. Dagegen zeigte der kanadische Regisseur Denys Arcand mit seinem Film „Jesus von Montreal", wie aktuell Jesus ist.

Der Schriftsteller Arno Schmidt meint: Jesus kam aus einem unterentwickelten Gebiet, er konnte weder Latein noch Griechisch; von Kunst, Dichtung, Philosophie und Naturwissenschaften verstand er nichts. Sein Urteil über Jesus lautet deshalb: „… was ein solcher Mann behauptet, ist für mich von vornherein indiskutabel".

Der Jude Schalom Ben-Chorin, der 1999 starb, gibt einem seiner Bücher den Titel: „Bruder Jesus". Der Literaturkenner Paul Konrad Kurz schreibt: „Nicht Odysseus, Don Quichote, Hamlet oder Faust, nicht Marx, Nietzsche oder Lenin, sondern Jesus ist die große Bezugsgestalt auch in der zeitgenössischen Literatur."

Foto links: An eine Hauswand in Stuttgart gesprayt.

Offensichtlich lässt dieser Jesus von Nazaret die Menschen nicht in Ruhe. Immer neue „wissenschaftliche Erkenntnisse", archäologische Funde und daraus konstruierte Theorien werden da aufgetischt. So machte 1991 eine Buchveröffentlichung: „Verschlusssache Jesus" Furore. Zwei amerikanische Journalisten glaubten einer Verschwörung auf der Spur zu sein. Sie behaupteten, der Vatikan habe neue Dokumente, welche die Sache mit Jesus ganz anders darstellen, unter Verschluss gehalten. Heute redet man gar nicht mehr über dieses Buch.

Eine andere Story wurde vor Jahren kolportiert: Jesus kam in seiner Jugend nach Indien. Er lernte dort die Kunst des Heilens. Nach Palästina zurückgekehrt wandte er das Gelernte an und heilte Menschen. Am Kreuz ist er nicht gestorben, sondern wurde bewusstlos von seinen Freunden abgenommen. Nach seiner Genesung wanderte er nach Indien und lehrte dort, bis er 70-jährig starb. Sein Grab befinde sich in Kaschmir.

Eine Frau aus Australien schreibt in ihrem Buch über Jesus, er habe im Jahr 30 Maria Magdalena geheiratet und sei im Jahre 33 gekreuzigt worden. Im letzten Augenblick

In den Bibliotheken der Welt sind mehr Bücher über Jesus zu finden als über jede andere Person der Weltgeschichte. Seit fast zweitausend Jahren wird über ihn und seine Botschaft geschrieben. Auch in Zukunft wird es Kurioses, Merkwürdiges, wissenschaftlich Belegtes in Reports, Filmen und Büchern über Jesus geben, die dies oder jenes verdeutlichen, bestreiten oder neu interpretieren. Wer da mit Argumenten mitreden will, muss sich informieren.

1a. Notiere, was du über Jesus weißt.
b. Meine Beziehung zu Jesus: Was ich an ihm mag, was nicht, was ich nicht verstehe.
2. Befrage Menschen auf der Straße, ob Jesus heute noch von Bedeutung ist.

III. Spurensuche

Ausgrabungen in Caesarea – Fast überall in Israel stößt man auf wissenschaftliche Ausgrabungen. Sie fördern wertvolle Zeugnisse von den Lebensverhältnissen aus den vergangenen ca. 3000 Jahren zu Tage. Mit ihrer Hilfe kann man historische und geographische, wirtschaftliche und soziale Angaben der Bibel bestätigen und besser deuten. Seit Jahren schon ist unter dem Titel "Und die Bibel hat doch recht" ein Bestseller auf dem Markt, der sich mit den Ergebnissen der biblischen Archäologie befasst, wenn auch etwas volkstümlich.

1. In nichtchristlichen Schriften der Antike

Gelegentlich kann man sagen hören: „Jesus hat nie gelebt, alles, was man von ihm erzählt, ist nur Dichtung und Erfindung fantasievoller Menschen." Gibt es historische Quellen, die auf die Person Jesu hinweisen?

Im Geschichtswerk des Juden Flavius Josephus finden sich zwei Notizen über Jesus:
„Der Hohepriester Annas versammelte den Hohen Rat zum Gericht und stellte vor denselben den Bruder des Jesus, der Christus genannt wird, den Jakobus, nebst noch einigen anderen und ließ sie zur Steinigung verurteilen." Von der Hinrichtung des Apostels Jakobus berichtet uns auch die Apostelgeschichte (vgl. Apg 12,1f).
Das andere Zeugnis ist von Historikern kritisch untersucht worden. Man stellte fest, dass manche Aussagen über Jesus so von Flavius Josephus nicht geschrieben sein konnten. Nach Eliminierung späterer Einschübe lautete der Originaltext wohl so:
„In etwa dieser Zeit lebte Jesus, ein weiser Mann… Er hat erstaunliche Taten getan. Er zog viele Juden und Griechen an… Auf Anzeige durch die führenden Männer unseres Volkes verurteilte ihn Pilatus zum Kreuz, aber die, die ihn von Anfang an geliebt hatten, hörten nicht auf ihn zu lieben … Die Gemeinschaft (= Stamm) der Christen, der nach ihm benannt ist, besteht heute noch."
Zum Vergleich der von einem späteren christlichen Redaktor erweiterte Text:
„Zu dieser Zeit lebte Jesus, ein weiser Mann, wenn man ihn überhaupt einen Menschen nennen darf. Er war nämlich ein Vollbringer außergewöhnlicher Ta-

en, ein Lehrer von Menschen, die mit Lust die
Wahrheit aufnahmen, und zog nicht nur viele Juden,
sondern auch viele aus dem Griechentum an. Der
Christus war es. Auch als ihn auf eine Anzeige der
bei uns führenden Männer hin Pilatus zum Kreuz
verurteilt hatte, ließen die, die ihn zuerst geliebt hatten, nicht von ihm ab. Denn er erschien ihnen am
dritten Tag wieder lebend, wie gottgesandte Propheten dies und unzählige andere wunderbare Dinge
über ihn vorhergesagt hatten. Und noch bis jetzt ist
der Stamm der nach ihm so benannten Christen
nicht verschwunden."

Im Jahr 73 schrieb *der syrische Philosoph Mara
Bar Sarapion* einen Brief aus dem Gefängnis an seinen Sohn und legt ihm dabei ans Herz, sich um die
Weisheit als einzig erstrebenswerten Lebensinhalt
zu bemühen. Man könne den Weisen töten, doch die
Weisheit bleibe ewig. Als Beleg dafür verweist er
auf die Athener und die Juden: „Was hatten die
Athener für einen Nutzen davon, dass sie Sokrates
töteten, was ihnen mit Hungersnot und Pest vergol-
ten wurde… Was hatten die Juden von der Hinrichtung ihres weisen Königs, da ihnen von jener Zeit
an das Reich weggenommen war?" Mit großer
Wahrscheinlichkeit ist mit dem „weisen König" Jesus gemeint und mit der „Wegnahme des Reiches"
die Zerstörung Jerusalems im Jahre 70 und damit
das Ende der jüdischen Selbstverwaltung durch den
Hohen Rat.

Der Babylonische Talmud, eine sehr bedeutende jüdische Schrift, die bis ins 2. Jahrhundert zurückge-
hen könnte, enthält eine Überlieferung über den Tod
Jesu, in der es heißt: „Dagegen wird gelehrt: Am
Vorabend des Paschafestes haben sie Jesus gehängt.
Der Herold aber ging vierzig Tage lang vor ihm her
und rief: ‚Dieser geht hinaus, um gesteinigt zu werden, weil er Zauberei getrieben und Israel verlockt
und abgesprengt hat. Jeder, der etwas zu seinen
Gunsten weiß, komme und plädiere für ihn.' Aber
sie fanden nichts zu seinen Gunsten und hängten
ihn am Vorabend des Paschafestes."

Tacitus (55 – ca. 120), *ein römischer Historiker*,
schreibt in seiner Biografie über den Kaiser Nero,
dass dieser die Christen für den verheerenden Brand
Roms verantwortlich machte, um von dem Gerücht
abzulenken, er selber habe Rom anzünden lassen:
„Dieser Name (Christiani) stammt von Christus, der
unter Tiberius vom Prokurator Pontius Pilatus hingerichtet worden war. Dieser verderbliche Aber-
glaube war für den Augenblick unterdrückt worden,
trat aber später wieder hervor und verbreitete sich
nicht nur in Judäa, wo er aufgekommen war, sondern auch in Rom, wo alle Greuel und Abscheulich-
keiten der ganzen Welt zusammenströmen und
geübt werden."

Plinius der Jüngere (61–120) war *Statthalter des
Kaisers Trajan in Bithynien und Pontus*, Gebiete in
der heutigen Türkei. Bei ihm wurden Menschen an-
geklagt, die sich Christen nannten. Er befürchtete
eine Gefährdung der staatlichen Ordnung. Deshalb
schrieb er einen Brief an den Kaiser in Rom, in dem
er sich erkundigt, wie er mit diesen Menschen umgehen solle. Ihr Verhalten schildert Plinius so: „Sie
erklärten, sie seien Christen; bald aber leugneten sie
es wieder; sie seien zwar Christen gewesen, seien es
aber nicht mehr, einige vor drei Jahren, andere vor
noch längerer Zeit, manche gar vor zwanzig Jahren.
Auch diese alle erwiesen deinem Bilde und den
Götterbildern Verehrung und lästerten Christus. Sie
versicherten, ihre ganze Schuld und Verfehlung be-
stehe darin, dass sie an einem bestimmten Tag vor
Sonnenaufgang sich regelmäßig versammelten, einen Hymnus auf Christus als ihren Gott im Wech-
selgesang angestimmt hätten." In dem ebenfalls er-
haltenen Antwortbrief des Trajan heißt es:
„Aufspüren soll man die Christen nicht; wenn sie
angezeigt und überführt werden, sind sie zu bestrafen mit der Einschränkung, dass derjenige, der behauptet, kein Christ zu sein und es handgreiflich
nachweist, indem er nämlich unseren Göttern op-
fert, auf Grund seiner Reue Verzeihung erlangt, mag
er auch für die frühere Zeit verdächtig gewesen
sein. Anonyme Anklagen aber dürfen bei keiner
Straftat angenommen werden."

Sueton (70 – ca. 130), *ein hoher Verwaltungsbeam-
ter in Rom*, schrieb über die Taten des Kaisers Clau-
dius: „Die Juden, die von Chrestos aufgehetzt fort-

Flavius Josephus – jü-
discher Historiker, leb-
te etwa von 37 bis 100
n.Chr. Zunächst
kämpfte er in Palästi-
na gegen die Römer.
Doch dann wechselte
er die Seiten und ar-
beitete mit ihnen zu-
sammen. Er hinterließ
ein eindrucksvolles,
umfangreiches Buch
zur Geschichte des jü-
dischen Volkes und
ein anderes über den
Aufstand gegen die
Römer. Er schildert
u.a. sehr ausführlich
die Verhältnisse in
Palästina vor und
nach unserer Zeitrech-
nung. Vor allem ist er
Augenzeuge des jüdi-
schen Krieges, der
Zerstörung Jerusalems
und des Tempelbran-
des.

Nachzeichnung einer Münze des Kaisers Nero. Nero regierte von 54-68 n.Chr., war sehr grausam, benutzte den Brand Roms im Jahre 64 zur Verfolgung der Christen, wurde 68 von Provinztruppen abgesetzt, starb durch Selbstmord.

während Unruhe stifteten, vertrieb er aus Rom." Er bezieht sich dabei auf ein Edikt des Kaisers aus dem Jahr 49, in dem die Vertreibung der Juden aus Rom angeordnet worden war. Da viele Anhänger Jesu aus dem Judentum kamen, unterscheidet er nicht zwischen Christen und Juden.

1. Was lässt sich aus diesen Äußerungen nicht-christlicher Verfasser über Jesus, den Christus, und über die Christen herausfinden?
2. Worin stimmen die verschiedenen Zitate in der Einschätzung Jesu und seiner Anhänger überein?
3. Was weißt du aus dem Geschichtsunterricht, was zum besseren Verständnis der Zusammenhänge beitragen könnte?

2. In christlichen Quellen der Antike

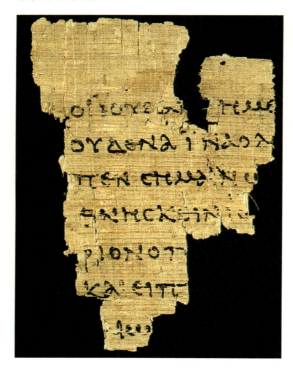

Der Papyrus Rylands – ältestes erhaltenes Schriftstück des Neuen Testaments. Das beidseitig beschriebene Fragment ist ägyptischer Herkunft und enthält eine Passage aus der Passionsgeschichte des Johannes (Joh 18). Man datiert die Entstehung des Fragments um das Jahr 125.

Viel mehr als in den antiken profanen Quellen erhalten wir in den *Schriften des Neuen Testaments* Auskunft über Jesus und die Zeit, in der er lebte. Vier verschiedene Verfasser, Markus, Matthäus, Lukas und Johannes, erzählen von seinem Leben und Wirken.

Symbole der vier Evangelisten aus „The Book of Kells", Ende des 8. Jhs. im irischen Kloster Iona begonnen und in Kells vollendet, wohin die Mönche vor den Wikingern flüchten mussten. Die Handschrift wurde im 16. Jh. gefunden.

Originalschriften der Evangelisten sind uns nicht erhalten. Aber auch von den Philosophen und Historikern der Antike haben wir keine Originale. Erst mehrere Jahrhunderte nach ihrer Abfassung liegen uns von ihnen schriftliche Zeugnisse vor. Weitaus besser sind die Texte der Bibel tradiert worden. Das Papyrusfragment Rylands mit einigen Sätzen aus dem Johannesevangelium datieren Wissenschaftler auf den Beginn des zweiten Jahrhunderts. *Johannes* schrieb sein Evangelium um das Jahr 100. Etwa um das Jahr 70 schrieb *Markus* sein Evangelium, um 80 *Matthäus,* um 90 *Lukas.*

Besonders sorgfältig hat sich *Lukas* auf die Spurensuche Jesu gemacht. Am Anfang seines Evangeliums schreibt er in der Widmung: „Schon viele haben es unternommen, einen Bericht über all das abzufassen, was sich unter uns ereignet und erfüllt hat. Dabei hielten sie sich an die Überlieferung derer, die von Anfang an Augenzeugen und Diener des Wortes waren. Nun habe auch ich mich entschlossen, allem von Grund auf sorgfältig nachzugehen, um es für dich, mein verehrter Theophilus, der Reihe nach aufzuschreiben. So kannst du dich von der Zuverlässigkeit der Lehre überzeugen, in der du unterwiesen wurdest" (Lk 1,1-4).

Was in den Evangelien über geografische Details, die politischen Zustände, die religiösen Strömungen, die sozialen Verhältnisse festgehalten ist, das bestätigen andere zeitgenössische Beschreibungen des Landes, in dem Jesus lebte. Vor allem ist es der Jude Flavius Josephus, dem wir sehr viele Kenntnisse Palästinas zur Zeit Jesu verdanken.

■ Wie der Buddha und wie Mohammed so hat auch Jesus selber keine schriftlichen Aufzeichnungen hinterlassen. Nachdem er nicht mehr unter seinen Freunden weilte, erzählten Augen- und Ohrenzeugen, was sich alles ereignet hatte, wie Jesus lebte, was er predigte, wie er starb und wie sie ihn nach seinem Tod als Lebendigen erfahren hatten. Erst eine Generation nach dem Tode Jesu oder noch später, als immer mehr Augen- und Ohrenzeugen starben, hielt man die Worte und Taten Jesu schriftlich fest. Die Evangelien sind jedoch nicht im Stil eines nur an Fakten interessierten Polizeiberichts geschrieben. Sie sind vom Glauben an Jesus als den von Gott gesandten Messias, griech. „Christus", geprägt. Jedem Evangelisten war eine Seite Jesu besonders wichtig. Sie gestalteten ihre Darstellung auch im Blick auf ihre Leser. Lukas hat viele Begegnungen Jesu mit Frauen festgehalten. Matthäus schreibt für die Anhänger Jesu, die aus der jüdischen Tradition kamen, Markus erklärt Bräuche der Juden, die außerhalb Palästinas unbekannt waren. Alle Evangelien sind auf der Grundlage historischer Ereignisse verfasste Zeugnisse des Glaubens an Jesus Christus.

Evangelium nach
Matthäus – Mt
Markus – Mk
Lukas – Lk
Johannes – Joh

Orientalen im Gespräch – Die mündliche Überlieferung von Nachrichten ist bis heute im Orient von großer Bedeutung.

IV. Politische Verhältnisse, religiöses Leben, soziale Zustände in Palästina

Will man einem Menschen aus früherer Zeit einigermaßen gerecht werden, so muss auf der Spurensuche nach ihm das soziale und kulturelle Umfeld, in dem er lebte, erkundet und in sein Leben eingeordnet werden. Auch die politischen Verhältnisse sowie die Erkenntnisse der Wissenschaften beeinflussen das Leben eines Menschen. Unsere Zeit, unser Leben, unser Wissen ist geprägt von den Naturwissenschaften und von der Technik, von den Medien, die uns innerhalb kürzester Zeit wichtige und unwichtige Ereignisse von allen Kontinenten frei Haus liefern. Für uns ist es selbstverständlich in fremde Länder zu reisen. Wir profitieren vom medizinischen Fortschritt, viele Krankheiten können heute geheilt werden, Seuchen, an denen früher Millionen starben, sind besiegt. Wir kennen die chemisch-physikalischen Zusammenhänge beim Blitz. Seelische Krankheiten schreiben wir nicht dem Einwirken von Dämonen zu. Mehr als fünfzig Jahre

Frieden in unsererm Land vermitteln uns ein anderes Lebensgefühl, als unsere Vorfahren in der erster Hälfte des 20. Jahrhunderts es hatten. Millionen verloren da ihr Leben, wurden aus ihrer Heimat vertrieben. In manchen Ländern leiden Menschen auch heute unter Armut, Hunger und kriegerischen Auseinandersetzungen. Sorgen und Ängste, Sehnsüchte, Hoffnungen und Erwartungen variieren je nach dem Raum und der Zeit, in denen die Menschen leben.

Das Leben, das Handeln und die Verkündigung Jesu werden auf dem Hintergrund der Verhältnisse seiner Zeit besser verständlich. Er wuchs heran in einem Land, das Teil des römischen Weltreiches war. Die große Politik und die religiösen Verhältnisse wirkten in sein Leben hinein. Aus seiner Verkündigung ergeben sich viele Rückschlüsse sowohl auf die soziale Situation seiner Zeit wie auch auf die Erwartungen und Sehnsüchte der Menschen in Palästina.

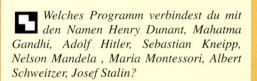

Welches Programm verbindest du mit den Namen Henry Dunant, Mahatma Gandhi, Adolf Hitler, Sebastian Kneipp, Nelson Mandela , Maria Montessori, Albert Schweitzer, Josef Stalin?

1. Politik

Namen sind mehr als Schall und Rauch. Oft kann man mit ihnen ein Programm verbinden. Die Namen Augustus, Tiberius, Pontius Pilatus, die in den Evangelien erwähnt werden, repräsentieren die politische und militärische Macht des Römischen Reiches. 63 v. Chr. hatte der Feldherr Pompejus Palästina erobert und unter die römische Oberherrschaft gestellt. Die Unterworfenen mussten hohe Steuern bezahlen und vom Ertrag ihres Landes viele Güter hergeben, die nach Rom gebracht oder für den Unterhalt des Militärapparates gebraucht wurden. Die verlorene Freiheit, die hohe Steuerlast, viele Erpressungen brachten eine große Abhängigkeit mit sich. Verelendung weiter Bevölkerungskreise war die Folge. Der Unmut der Juden gegenüber der Besatzungsmacht wurde in Aufständen und Überfällen offenbar, die jedoch schnell wieder erstickt wurden. *Augustus* war Herrscher des Römischen Reiches von 27 v. Chr. bis 14 n. Chr. Unter seiner Regierung gab es eine lange Zeit des Friedens und des Fortschritts (Pax Romana). Viele waren überzeugt, dass von Rom aus die Welt erneuert, ja erlöst würde.

Dementsprechend wurde der Kaiser als Wohltäter, Retter, Erlöser geehrt. Herodes baute zu Ehren des Kaisers die großartige Prunkstadt Caesarea am Meer (vgl. S. 103) mit einem Tempel, in dem die Statuen des Augustus und der Stadtgöttin Roma aufgestellt waren. Diesen erwies man göttliche Ehren. Noch heute künden die Reste des Aquädukts und des Theaters von der römischen Baukunst. Vom Berg Karmel versorgte eine 16 Kilometer lange Wasserleitung die Stadt mit frischem Wasser.

Im zweiten Kapitel seines Evangeliums schreibt Lukas: „In jenen Tagen erließ Kaiser Augustus den Befehl, alle Bewohner des Reiches in Steuerlisten einzutragen."

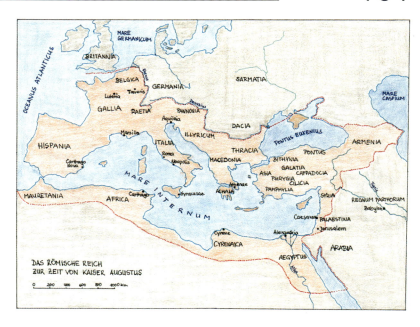

DAS RÖMISCHE REICH ZUR ZEIT VON KAISER AUGUSTUS

König *Herodes* wird zwiespältig beurteilt. In den Geschichtsbüchern wird er als „der Große" bezeichnet. Er herrschte von 40 bis 4 v. Chr. über Palästina. Die Römer hatten ihm den Königstitel verliehen. Für sie war er „Verbündeter und Freund des römischen Volkes". Er verschaffte seinem Land einen mehr als dreißigjährigen Frieden, er sorgte für Ruhe und Ordnung, baute eindrucksvolle Festungen (vgl. S. 106), legte Städte und Häfen an. Er gestaltete den Tempel in Jerusalem zu einem der prächtigsten Bauwerke des Römischen Reiches. Bis heute sind Quader der Umfassungsmauer erhalten. Diese Westmauer des Tempels, bei uns als Klagemauer bekannt, ist jetzt der heiligste Gebetsort der Juden (vgl. S. 105). Die Juden sehen Herodes anders.

Statue des Kaisers Augustus von Prima Porta bei Rom, kurz nach 17 v. Chr., Marmor, 2,03 m hoch.

Die Bilder auf dem Brustpanzer des Kaisers verherrlichen militärische Erfolge. Mit Augustus beginnt das friedliche „goldene Zeitalter", er gilt als der Friedensstifter, der „Erhabene und Verehrungswürdige", der durch Götterzeichen „Auserkorene". Auf seine Vergöttlichung weisen die nackten Füße, denn so durften nur Götter abgebildet werden. Auf dem Brustpanzer sieht man seine Schutzgötter. Das Herrscherbild will nicht verraten, wie Augustus aussah, sondern wie er gesehen werden wollte und sollte. Das Bild galt als heiliges Staatssymbol.

Palästina zu Beginn des
1. Jahrhunderts n. Chr. –
Politische Gliederung

Kaiser Tiberius – Münze
– römischer Kaiser, Stief-
sohn und Schwieger-
sohn des Augustus,
kämpfte erfolgreich ge-
gen die Germanen an
Rhein und Elbe. Wer die
Münze nicht mit Respekt
behandelte, konnte we-
gen eines Verbrechens
gegen den Staat und die
Religion der Römer be-
straft werden. Die Be-
gründung findet man
heraus, wenn man die
Münzumschrift entziffert
und deutet.

Über den Kindermord von Betlehem, von dem Matthäus erzählt, finden sich keine Hinweise in der außerbiblischen Literatur. Doch dazu passt das, was über die Grausamkeit des Herodes bekannt ist. Er ließ drei seiner Söhne, seine Frau Mariamme und weitere Verwandte umbringen. Er befahl, dass nach seinem Tod die „Bürgermeister" aller Ortschaften getötet werden sollten, damit im ganzen Land ein großes Wehklagen ausbreche. Sein Sohn führte jedoch diese Anordnung des Vaters nicht mehr aus.

Das Urteil des Flavius Josephus über Herodes lautet: „Er war ein Mann, der gegen alle ohne Unterschied mit gleicher Grausamkeit wütete, im Zorn kein Maß kannte und sich über Recht und Gerechtigkeit erhaben dünkte, dabei aber die Gunst des Glückes, wie kein anderer, erfuhr." Nach dem Tod des Herodes wurde sein Herrschaftsgebiet unter seine Söhne aufgeteilt. Einer dieser Söhne hieß *Herodes Antipas*. Er herrschte über Galiläa, die engere Heimat Jesu, bis zum Jahre 39. Zu Ehren des Kaisers Tiberius erbaute er die Stadt Tiberias am Westufer des Sees Gennesaret. Er nahm seinem Bruder die Frau weg. Deswegen musste er sich scharfe Kritik von Johannes dem Täufer anhören. Er ließ Johannes verhaften und auf Betreiben seiner Frau hinrichten (vgl. Mk 6,12-29). Herodes war auch am Prozess gegen Jesus beteiligt. *„Herodes und seine Soldaten zeigten Jesus deutlich ihre Verachtung. Er trieb seinen Spott mit Jesus, ließ ihm ein Prunkgewand umhängen und schickte ihn so zu Pilatus zurück. An diesem Tag* wurden Herodes und Pilatus Freunde; vorher waren sie Feinde gewesen" (Lk 23,11f).

Kaiser Tiberius (14–37 n. Chr.) regierte mit harter Hand und demonstrierte die Macht Roms gegenüber jeder aufkommenden Auflehnung in den Provinzen. Die römische Besatzungspolitik erlebten die Bewohner als drückendes Joch. Hass gegen die Unterdrücker machte sich breit. Der Evangelist Lukas kennzeichnete den Beginn des öffentlichen Auftretens Jesu als Wanderprediger und Heiler als ein Ereignis der Weltgeschichte. Er schreibt: *„Es war im fünfzehnten Jahr der Regierung des Kaisers Tiberius; Pontius Pilatus war Statthalter von Judäa, Herodes Tetrarch von Galiläa, sein Bruder Philippus Tetrarch von Ituräa und Trachonitis, Lysanias Tetrarch von Abilene; Hohepriester waren Hannas und Kajaphas. Da erging in der Wüste das Wort Gottes an Johannes, den Sohn des Zacharias."* (Lk 3,1f).

Pontius Pilatus war in den Jahren 26–36 n. Chr. Statthalter (Prokurator) des Kaisers Tiberius in Palästina. Als Prokurator war er der Verwalter der römischen Provinz Palästina. Er residierte in Caesarea am Meer, wo auch das Hauptkontingent der römischen Besatzungstruppen lag. Archäologen fanden dort im Jahre 1961 eine Steinplatte mit seinem Namen. Zu den großen Wallfahrtsfesten der Juden kam er mit Soldaten nach Jerusalem, um dort für Ruhe und Ordnung zu sorgen. Er residierte dann im Prätorium, das bisher noch nicht exakt lokalisiert werden konnte. Als oberster Gerichtsherr hatte nur er das Recht, ein Todesurteil zu fällen oder zu bestätigen. Historiker berichten wenig Schmeichelhaftes über ihn. Flavius Josephus erzählt in seiner jüdischen Geschichte, dass Pilatus aus dem Schatz des Tempels in Jerusalem Geld für den Bau einer Wasserleitung entnahm. Darüber empörten sich die Ju-